大学生美育教学研究

刘美辰　著

黄山书社

图书在版编目（CIP）数据

大学生美育教学研究 / 刘美辰著. — 合肥 ：黄山书社, 2021.8

ISBN 978-7-5461-3908-1

Ⅰ. ①大… Ⅱ. ①刘… Ⅲ. ①美育 – 教学研究 – 高等学校 Ⅳ. ①G40-014

中国版本图书馆 CIP 数据核字(2021)第 179147 号

大学生美育教学研究 刘美辰 著

DAXUESHENG MEIYU JIAOXUE YANJIU

出 品 人 贾兴权
责任编辑 朱莉莉
责任印制 李 磊
装帧设计 瑞天书刊
出版发行 时代出版传媒股份有限公司（http: //www.press-mart.com）
黄山书社（http: //www.hspress.cn）
地址邮编 安徽省合肥市蜀山区翡翠路1118号出版传媒广场7层230071
印 刷 济南文达印务有限公司
版 次 2021年9月第1版
印 次 2021年9月第1次印刷
开 本 880mm × 1230mm 1/16
字 数 200千字
印 张 11.75
书 号 ISBN 978-7-5461-3908-1
定 价 50.00元

服务热线 0551-63533706
销售热线 0551-63533761
官方直营书店（http: //hsssbook.taobao.com）

前　言

从古今中外的历史来看，美育教学总是伴随着人类文明、社会文化的发展而同步发展，美育教学也始终是整个教育事业的一个重要组成部分。完美的教育应该是德、智、体、美、劳诸方面协调发展。真正创造性的科学，源于深厚的哲学思维、艺术灵感，来自人们对世界的感悟。美育教学不但要人们去爱美、追求美，还要人们懂得什么是美，善于发现美、创造美，用美的规律去美化自己的心灵，提升自己的精神境界，塑造自己完美的人格，使自己的身心得到和谐发展。

现在，人类已进入了一个美好的新世纪，同时也进入了一个审美时代，走进了一个美育教学大发展的时代。新时代对美育教学的呼唤格外强烈、格外紧迫，在新时代美育教学的地位和作用更为重要、更为突出，这就必然会将美育教学推向一个新的高峰。这不仅是教育本身发展的需要，也是时代发展的需要、社会文明发展的需要和知识经济发展的需要，更是提高整个中华民族思想道德素质和科学文化素质，提升全民族精神境界，实现中华民族伟大复兴的需要。

大学时期是人成长的重要阶段，美育教学不仅有利于提高大学生的道德修养和职业技能，还能激发大学生的创新意识，培养大学生面对人生的乐观态度，是实现大学生全面发展的有效途径。美育教学在促进大学生全面发展中有着不可替代的作用。

由于水平有限，加之时间仓促，书中难免存在一些错误和疏漏，敬请广大专家和学者批评指正。

目　录

第一章　大学生与美育教学

第一节　美育教学的性质和意义

一、美育教学的性质

美育教学旨在为提高人们对于美的认识、感受、鉴赏以及创造，使人们获得更深层次的、良好的审美观念，高尚的审美情操以及健康的审美情趣，这种教育跟普通教育有所区别，通常是在潜移默化之下寓情其中。《中国教育改革和发展纲要》指出美育教学对于培养学生健康的审美观念和审美能力，陶冶高尚的道德情操，培养全面发展的人才具有重要作用。

美育教学有其自身的发展规律。美育教学的发展将促进世界教育的发展，并促使人们将教育中的一切事物以审美的眼光重新审视，从而使自身更加完善。

对美育教学的理解，一般有狭义和广义两种。从狭义方面来看，美育教学指的是艺术教育，也就是运用一系列艺术、文学的方式在潜移默化中对人起到熏陶作用，使人的审美能力得到循序渐进的提高。艺术教育虽然是实施美育教学的重要内容和途径，但并不是美育教学的全部内容。从广义方面来看，美育教学不仅限于艺术美，而是涵盖了教育的各个方面，在情感、人格、思维等教育上起到深刻的作用。无论是自然美、社会美还是科技美，都独具魅力。广义上的美育教学讲求塑造一个整体，无论是内在的精神、心灵方面需要获得升华，还是外在的形象、气质方面需要获得提高，都是一种在全面发展的人文素质上影响人的教育。

二、美育教学与素质教育

为了最大限度地使人的潜在能力得到培养和发挥，加快进行素质教育的步伐是极为必要的。进行素质教育，就是全面贯彻党的教育方针，以提高国民素质为根本宗旨，以培养学生的创新精神和实践能力为重点，造就有理想、有道德、有文化、有纪律的德、智、体、美、劳全面发展的社会主义事业的建设者和接班人。现代社会生活节奏越来越快，因此进行全面的美育教学必不可少，美育教学的地位是其他任何教育所不可取代的。

这个新兴社会对人才有了与以往不同的要求。除了本身强硬的专业技术、理论基础，还需要有更为深层的、丰富的各学科理论作为知识储备。但是，人才观不仅仅局限在技能掌握、知识完备的基础上，更要有宽阔的胸襟和高尚的情操，必须具备人文精神。

美育教学以其自身的种种特点影响着全面教育的发展，换句话说，教育想要全面发展就离不开美育教学，只有全面发展的教育才是真正的素质教育。

三、美育教学与德、智、体等诸“育”的关系

为了培养从内到外都和谐、自由且全面发展的人，教育不能仅仅停留在某一个方面，而是通过内在结合外在的方式对人进行塑造。内在方面通常指的是其内心的道德、智力、心理、审美等，被统称为心理的文化结构；外在方面则是指身体以及形态的结构，在心理学上相对应的是知（认识）、意（意志）、情（情绪），在教育上相对应的是智育、德育和美育教学。德、智、体、美、劳是一个统一的整体，通过开展美育教学可以以美促善、以美传真、以美启智、以美健体、以美愉心。

（一）美育教学与德育

美育教学与德育的关系是美与善的结合，美和道德是亲姐妹，二者是相互影响、相互贯通的。美中有善，美育教学是通过美中所蕴涵的善的因素来

达到提高学生道德素质的。但是在一定意义上说，美又是善的升华。

道德教育的主要目的是加深对善恶原则的理解，并要求人们停止使用特定的道德规范。美育教学是以审美形态来教育、启发受教育者自觉追求美的一种形式和激励。

一个人虽然了解特定的道德规范，却并不总是能够去实践它。如何才能使人们自觉地坚守道德规范，是新时代追求的新目标。为此，首先应当使人们对事物的善恶评价和美丑评价明确，道德情感转化或升华为审美情感，其次内化为人的内心需求，从而加强人们内心遵守道德规范的动力。

目前，如果说法制教育使人知道“不准如何”，道德教育使人知道“应该如何”，那么审美教育则使教育对象知道“可能如何”和“乐意如何”。因此，审美教育使人们的生活空间更加灵活，意志更加敏锐。

（二）美育教学与智育

美育教学与智育的关系是美与真的结合。真就是客观世界发展的必然规律，美中蕴含着真。

大学生智能的形成及智力的开发主要依赖于智力教育，但不可忽视的基本现实是，智力是一个不断发展的过程。大学美育教学可以促进学生智力的发展，影响学生智力训练的某些方面。人们可以获得各种各样的自然和社会知识，同时保持审美体验和享受精神幸福。通过刺激和传播审美情感，促进左右脑的和谐发展，调动左右脑的额外效应。

艺术的形式有很多，包括音乐、诗歌、绘画等，历史上著名的科学家们的生活中处处可见艺术的影子。歌德既是一位大诗人、大文学家，又是一位杰出的数学家、物理学家和工程师。达·芬奇集物理学家、数学家、工程师、画家等身份于一身。从毕达哥拉斯到开普勒，再到发现天王星的威廉·赫歇尔等人都精通音乐。我国荣获“国家杰出贡献科学家”称号的钱学森说他的创造发明一半要归功于他的妻子，因为他的许多创造性灵感都是在欣赏妻子弹奏曲子的时候产生的。

此外，审美教育符合人的心理需要，可激发大学生的学习兴趣和内驱力，提高他们学习的主动性和热情。在学习的过程中，“勤奋”“刻苦”是基础，但仅靠“勤奋”“刻苦”已远远不够。中国古人的那句“书山有路勤为径，学海无涯苦作舟”可以改为“书山有路巧为径（科学地学习，最优化地学习，高速度、高质量、高效率地学习），学海无涯乐作舟”（愉快地学习，自由地学习，创造性地学习，在主体得以和谐发展并充满幸福和喜悦感中学习）。

（三）美育教学与体育

美育教学与体育的关系是美与健的结合。美育教学的目标是心理健康，而体育教育的目标是身体健康。体育运动能锻炼人，使人拥有强壮的骨骼、发达的肌肉、红润的皮肤、健美的体形，有助于形成正确的姿态、敏捷的动作、饱满的精神和优美的风度，是对美的运动形象的创造。人体的美体现在健康和力量中，体现在力量的美中。力与美的完美结合，可以充分展示富有朝气和生命活力的身体美。

审美教育活动所形成的愉悦精神状态可直接影响学生的身体健康状态。据有关医学及医学心理学研究，人的心理情绪的不稳定，如急躁、紧张、烦恼、忧郁等，都可能引发疾病。特别是在高度紧张、愤怒等情况下，均可能导致肌体失调等情况。因此，进行良好的审美教育活动在学生的日常生活和学习中显得十分重要，经常进行此类活动会使学生保持良好的心理状态，从而促进自身体魄的健康。

（四）美育教学与劳动

劳动创造了人，也创造了人类赖以生存的物质世界。它可以锻炼人的体魄，美化人的外表形象，同时也能影响人的主观世界，树立科学的世界观，美化人的心灵世界。劳动是人的第一美德，是一个全面发展的人的基本要素，是人的其他美德的基础。

劳动和人的关系是相互的。劳动创造了人，也创造了人所生活的物质世界。在人进行劳动的过程中，体魄得到了锻炼，外表得到了美化，内心主观世界也会受到劳动的影响，进而使世界观受到科学、正确的影响，使心灵世界得到美化。

审美教育本身就包括内涵十分丰富的各种劳动——技能美育教学，主要有广泛应用于工业领域的技术美育教学，在教育领域内新兴的艺术美育教学，萌生于医学土壤中的医学美育教学等，它们可以直接交给学生开启劳动中创造与审美的金钥匙。人想要获得出色的成就和专业的技巧，首先就是应该将工作与美相互结合，而后在这个基础上有所创造，最终才能获得成功。

简而言之，德、智、体、美、劳之间既彼此联系，又相互独立，是不可相互替代的。为促进学生的全面、健康、高层次发展，必须在整个教育过程中充分使各育接受美育教学的影响和渗透，从而将教育的品位与质量提升得更高、更丰富。

四、美育教学的意义

审美素质从古至今都是一种十分高尚的精神品质，它能够改变人的生活、改变人的品位。1994 年，美国政府在基础教育的核心学科中首次加入了艺术学科。美国麻省理工学院规定人文艺术类课程要在 360 个学分中修满 72 个学分。对此，北京大学、清华大学也有规定，本科生必须获得一门以上艺术类课程的学分才能毕业。作为人生中必不可少的修养——审美，影响着人们未来的生活。

联合国教科文组织国际教育发展委员会于 1972 年的“国际教育年”中提出了名为“学会生存——教育世界的今天和明天”的专题报告，报告中指出，教育需要进一步进行改革，让人们学会生存，学会学习，学会终身吸收新知，学会自由地、批判地思考，学会热爱世界，让这个世界更有人情味和诗意审美化。

各国的教育家、思想家、美学家已经达成了一个共识：没有美育教学的教育不是一种现代的、完整的教育，没有接受过审美熏陶的人不可能成为现代的、高素质的、全面发展的人。这既是专家、学者的共识，又是时代与现实的呼唤，人类的呼唤！

第二节　大学美育教学的基本任务

美感教育的主要任务是，通过这种教育使人类产生出完美的感情，使人们避免过于感性，从而正确、理性地看待这个社会，这为调节人际关系起到极大的促进作用。人们在与大自然和社会的和谐相处中了解生命的本质，追求真理、善良和美丽。相对于幼儿、中小学美育教学而言，大学美育教学有其特殊性：在高等教育中，在人生追求知识、自我完善的这一高层次上，美，不应当只是一些具体的可感形象，多彩的、令人愉悦的事物，而应当是人和人生追求的一种最高境界的代名词。因此，这个阶段的美育教学，也不应仅仅是某种领域的美的欣赏教育，而应当是关于人及人生一切领域的活动过程及活动结果的审美欣赏及审美价值观。人生理想的教育，即人和人生最高境界的教育，是把美的目光朝向自我，再朝向社会，引导大学生用美的规律来塑造自我和追求人格完美的教育。具体而言，大学美育教学的基本任务包括以下几个方面。

一、树立正确的审美观

审美观即从审美的角度对世界和人生的看法，其核心是审美理想和审美标准。树立正确的、崇高的审美观能帮助我们更好地发现美、欣赏美、创造美。

的确，爱美是每个人的天性。那些不学习美育教学理论的人，虽然从他人的影响和自己的实践中也能在一定程度上感受美、追求美。但是这种对美的感受有一定的盲目性，往往十分肤浅和迟钝，它往往使人不辨美丑，甚至以丑为美，误入歧途。从生活的意义上来说，有些人认为可以通过努力来创造财富，这是最幸福、最美的生活。另外一些人则认为，所有的一切都是为了娱乐和享受，他们贪图金钱、名誉、权力、地位，甚至对此不惜牺牲一切代价，视个人吃喝玩乐为最高的追求。关于人与人之间的关系，一种观点认为，人的存在是基于集体的，并且基于人与人之间相互尊重、互助、团结和友谊，从而促进社会的进步，所以要以建立亲密无间的友谊为美。另一种观点则认为，人是自私的，没有真正的感情。想要获得属于自己的最大利益，可以与其他人抢夺，甚至伤害别人。这种人以虚情假意、恶语伤人、以权压人为美。在商品的审美价值上，一种看法是商品的优劣不在于是哪个国家生产的，应以货真价实、实用、质量高为美；另一种看法则是只要不是本国生产的就好。再如对“人之美”，有的人就只重外表，甚至以打扮得洋、奇、特、怪为美。荀子在《非相》篇中写道：“形相虽恶而心术善，无害为君子也。形相虽善而心术恶，无害为小人也。”

审美观不是人一出生就有的，而是在人的一生中随着其社会实践的不断发展而发生变化的。以自然美为例，同样是秋天，在唐代诗人刘禹锡的眼里，秋天是充满诗情画意的季节，而在宋代文学家欧阳修的眼中，秋天是“渥然丹者为槁木，黟然黑者为星星”，一派萧条、凄凉之景。而现代作家峻青在《秋色赋》中所表现的秋天则是繁荣昌盛、硕果累累的季节。

二、提高审美能力

审美能力包括对美敏锐的感知力、丰富的想象力和透彻的鉴赏力。

审美是人类审美活动的先决条件和基础。要欣赏音乐，你必须有一个听得很清楚的耳朵；要欣赏一幅画，你必须有一双能很好地感知线条和颜色的眼睛；要欣赏小说，你必须有一个善于用语言来描绘小说的头脑。如果美育教学缺乏对所有美好事物的形状、声音和颜色的敏锐感知，就不可能迅速将丰富多彩的美传递到大脑中，也不可能保留丰富多彩的审美感受。但事实上有些人只能从好听、好看上去感受对象，这仅仅是欣赏一种受欢迎的、大众的东西，却无法欣赏相对较大、复杂、广泛的社会和历史意义的事物。造成这种情况，一般原因有以下两点。第一，缺乏审美实践。由于审美实践的缺乏造成这类人群的审美感知能力并不强烈；第二，不熟悉必要的文化素养。因为缺乏必要的文化审美欣赏能力，影响了他们对于精英文化的欣赏和品鉴能力。

想象在审美活动中有着十分重要的作用，其最大特点在于新形象的创造。如欣赏绘画《踏花归来马蹄香》，欣赏者就要思考：为什么行进中的马蹄周围飞舞着许多蝴蝶？进而想到马蹄上一定有花的香气，马刚刚从一片美丽而芬芳的花丛中走过来。再如欣赏中国戏曲，许多场景常常用艺术夸张的形式表现出来：舞台上表现骑马、坐轿时以无作有、以假作真，“三五人千军万马，六七步五湖四海”。

想象是一切艺术在创作和欣赏时的源泉，然而想象来源于生活，那些热爱生活的人才能发现更美好的东西。所以，在日常生活中，我们不仅要享受和观察大自然和社会赋予的一切美好事物，并存储足够多的记忆表象，还要从许多方面收集知识，为使想象力升华铺平道路。除此之外，我们还必须通过对艺术美的观察来发展自己对艺术美的丰富多彩的理解，以打开想象力的大门，对自己有所提升。

审美主体识别和欣赏审美对象的能力被称为审美鉴赏力。例如，中国画和西方画在审美品位、审美特征方面有着完全不同的审美风格和特点，只有明白这些不同流派在建模手段、图像组成和内容方法上的风格才能够适当地分析和判断它们的美丽和丑陋，才能避免错误地对中国画和西方画妄加褒贬。关于审美鉴赏力的表现，第一种是能够分辨和区别美丽与丑陋的事物及艺术分析的能力；第二种是对审美对象能够进行理解和评价的能力。在复杂的现实生活中，美丽和丑陋是混合的，好的和坏的是交融在一起的。因此，如果我们没有能力确定和分析美与丑，我们就无法理解和欣赏美，当然，如果这样将我们不再能获得审美享受，也不可能做出正确的评价。感受美丽，我们不仅要感受到它的外在形式，还要感受到它的内在意义。林黛玉听《牡丹亭》不是停留在悦耳的音乐声里，也不是满足于优美的唱词，而是从中感悟人生，历经世态，所以才有如痴如醉的审美享受。长期的生活实践、丰富的审美实践和深厚的知识积累才能铸就一套正确的审美鉴赏能力，少了生活实践的审美鉴赏是毫无基础的，是脱离最本质的社会知识的。有的事物的美，没有一定的生活经验是不能体验到的。同样，丰富的审美实践是提高审美鉴赏力的必要条件，“操千曲而后晓声，观千剑而后识器”。知识的积累既可开阔视野，又为鉴赏打下深厚的文化基础。

三、培养创造美的能力

就是一种美的表现、美的创造，也是一个人的审美创造能力的具体展示。

欣赏美的人不一定能够成为创造美的人，但创造美的人一定能够欣赏美，人们是按照美的规律来创造美的事物的。有些人认为创造美是神秘的或不可接近的，但事实并非如此。美育教学不可能使每个人都变成艺术家，也不可能让每个人都有艺术家的美感条件。除了艺术，美丽的领域是多样化的，它还可以在服装、环境装饰、产品建模、社交活动、文化活动等方面展现出来。在日常生活和人们之间的交流中，存在着这样一个问题——如何根据美的法则和规律来表达和创造美。只要意识形态统一，就有主动权将美融入工作和生活、衣服和举止，以及装饰产品、装饰住所的方法。不仅如此，一个人的举止、言谈也是人类创造艺术能力的具体表达。

对美的表现和创造要遵循美的规律，要充满激情和善于想象。别林斯基说，没有感情就没有诗人，也就没有诗歌。美的表现和创造需要全身心的投入，那些仅仅靠模仿或为表演而表演的做法算不上美的表现和创造。

简而言之，建立正确的审美概念是审美教育的先决条件；培养敏锐的美的感受能力是审美教育的基础；提高识别和欣赏美的能力是审美教育的发展；发展和增强表达美和创造美的能力是审美教育的延续。最终目标和审美教育的最高境界是培养高尚的个人情感，促进精神领域的发展，创造完美的个人形态，艺术地看待个人和社会、人与人、人与自然的和谐发展。

第三节　大学美育教学的原则和途径

一、美育教学的特点

（一）动之以情，理在情中

美育教学需要情感作为审美过程的核心，以情感体验取代概念、推理，贯穿在整个过程之中，以引起人们在感情上的共鸣。例如，《黄河大合唱》激昂的乐曲总能唤醒人们对古老中国上下五千年文明的强烈自豪以及对外敌来犯的愤怒之情，进而认识到，人们只有团结起来，同仇敌忾才能抵挡住一切困难的真理。

（二）形象鲜明，生动感人

形象直觉是审美过程的起点，在美育教学中所提到的形象是一种吸引人、感染人的形象，这种形象充满了情感。如凡·高创作于 1888 年的布面油画《向日葵》，淡黄色的背景画布上勾勒出深黄色的向日葵，再以青色和绿色加以点缀，15 朵向日葵形态各异、造型不一，每一朵如火绚烂的葵花都代表着光明，而细碎的花瓣和葵叶则像火苗使画面就像一团烧遍画布的熊熊火焰，宛如一支旋律鲜明的生命交响曲。画家的热情和狂野的笔触、明烈而饱满的黄色调赋予每一朵向日葵一种强大的生命力，而这种力量似乎总是来自艺术家的热情和生命力。向日葵一团一团紧凑在一起，如火焰般耀眼，处处散发着秋天成熟的气息，狂放地表达出作者面对困境也不屈不挠的强烈意志以及对美好生活的不懈追求。亮黄色的细节画面和干净鲜明的色调，不仅结合了自然的光彩，还宣泄着画家对生命的激情体验。人们在进行作品欣赏时，每当看到这幅画总会被其画面上明快、鲜艳、强烈的色彩所感染，被激动人心的画面效果所打动，获得心灵上的震颤和情绪上的喷涌，总是会产生与凡·高作画时一样的情感，这种感情浓烈而激荡，有着“吞噬一切的热情”。这使得人们在欣赏作品的同时，能够获得对生命的新感悟、新希望，从而对未来的生活充满激情。

（三）寓教于乐，潜移默化

美育教学的教育方式与其他教育方式有极大不同，在美育教学里，个人的兴趣爱好显得尤为重要，在这些使人自由、快乐的状态下美育教学潜移默化地进行着教育。“通过自由去给予自由，这就是审美王国的规律”。美育教学通常依赖于美本身的魅力来吸引人们的注意，方式自由，不需要强迫和灌输。将兴趣与教育相结合是美育教学特殊的学习途径和学习方法，使人在兴趣中学习，在兴趣中获得教育。

美育教学接受的愉悦性一般可分为以下三个层次。

1. 以感官为主的愉悦

耳朵和眼睛是最直观的感觉器官，耳朵听到优美的曲子、动人的旋律立即引起我们的欣喜之感；眼睛看到美好的事物、形象的画面立即唤起我们的欣悦之情。

2. 以心理为主的愉悦

心理上的愉悦是指审美主体运用感觉、知觉来获得的审美愉悦，这通常需要审美主体能够体会到审美意象中的深刻意蕴，体味到形象中的无穷意味，获得更丰富的审美享受。以心理为主的愉悦强调了各种心理功能的和谐运动。

3. 以精神为主的愉悦

精神上的愉悦是审美活动过程中最高层次的满足。美是真理和善良的统一，当审美主体在美育教学感受中达到一种至高的心理状态时，它不是仅仅会满足于纯粹的审美活动，而是会通过审美活动扩展到求真、求善的活动中去，为生活着想，为更高的价值着想，追求终极价值，从而获得更深层次的领悟和理解。

审美教育不是给世人灌输知识，而是一种渐进的过程，其对人类的影响是需要长期积累的，以潜移默化的形式对人产生教育。当人们听音乐、读诗歌或看图片时，很难知道什么时候能用到它们，得到什么收获。但是“随风潜入夜，润物细无声”，美育教学对人的影响，就在这种悄然无声中渐渐产生了。

潜移默化的美育教学经验也表明，实施美育教学的过程不是急事，要达到成功，我们应该深入走进我们的日常生活和学习，在这个过程中逐渐将美育教学进行渗透，使受过教育的人能够认识真正的美在我们日常生活的重要性，培养他们的审美品位，使人们在美丽健康的理想环境中不断前进。

二、大学美育教学的原则

（一）以活动为中心

大学美育教学将“以活动为中心”作为其发展的基本原则。就美育教学而言，个体的教育接受程度和累积的相应经验是美育教学获得成效的基础，因此每个个体都显得尤为重要，他们的体验是影响后续审美活动的主要因素。因此需要引导这些受美育教学的学生产生对美育教学的积极情绪，提高他们对美育教学实践活动、美育教学情趣产生正确的观念，成为一个具有审美个性的个体。

（二）传授与激发相结合

在具体的练习活动中要教给学生表现的方法，以帮助学生获得特定的技能和手段，并教导他们适当的知识，使学生能够顺利、深入地进入审美状态。学习如何以有序的方式来表现和创造，这不仅是审美表现的先决条件，也是美育教学的主要目标之一。更重要的是，美育教学的实践必须通过激发学生的审美热情，使他们形成一种积极参与的情绪状态，以此激发学生的审美期望和审美冲动。因此，教师必须特别注意以情激情、以情传情、以情动人，学会并使用以具有最情绪化特征的审美对象作为活动的工具。费尔巴哈说：“如果你对音乐没有欣赏力、没有感情，那么你听到最美的音乐，也只是像听到耳边吹过的风，或者脚下流过的水一样。那么，当音调抓住了你的时候，是什么东西抓住了你呢？你在音调里面听到了什么呢？难道听到的不是你自己内心的声音吗？因此感情只能向感情说话，因此感情只能为感情所了解，也就是为自己所了解——因为感情的对象本身只能是感情。”

（三）尊重个性

审美是一种有意识的创造性活动，不同的人在审美品位、偏好和自我表现方面都有自己的特点。美育教学只能通过尊重并符合个人差异和不同程度的心理发展来实现。具体表现在：首先，尊重每个人的审美个性；其次，根据学生的能力、目标来指导教育他们；再次，永远不要强迫学生接受统一的审美标准；最后，注意身体和心理上的差异，提供给学生真正需要的审美教育。

（四）注重交流

美育教学的过程本质就是交流。在美育教学中，交流主要是老师和学生之间的情感交流。第一是学生与老师的交流，这是美育教学活动的一个先决条件。老师通过情感发展情感，激发学生的审美动机，创造表达自己的欲望，尊重学生的审美需求和兴趣。第二是学生之间的交流。学生之间交流的重要性为心理交流创造了一个开放、自由和破坏性的空间，这样学生就可以更容易致力于表达和创造力。第三是审美主体向审美对象的情感流动。审美对象和创造者之间的沟通和理解是非常重要的，是美育教学尤其是艺术教育非常重要的效应。与此同时，学生们正试图创造艺术，这也是一种重要的、让他们敞开心扉、通过作品与外界交流的重要方式。

（五）整体性效应

美育教学的全面发展要求在整体性上有所体现。首先，美育教学的整体性原则要求将受教育者引入一个丰富多样、广泛全面的审美活动场，有美也有丑，有悲也有喜，有崇高也有卑下，甚至有正价值也有负价值，有古今也有中外，使受教育者在复杂的对象中、在开放性的比较中提高敏感力和鉴赏力，从而荡涤心胸、开阔视野，获得全面发展。其次，整体性原则要求美育教学以包容化、全面化、整体化的教育手段和方法展开教育。美育教学不仅可以依靠学校、依靠课堂，还可以依靠艺术家、文化工作者、劳动人民，更要依靠受教育者自己，应更多地组织学生参加社会活动以及生产劳动，让他们欣赏大自然，美化校园，美化环境，美化自己的衣着仪表和行为举止等，尝试打破边界，避免封闭自己，敢于突破，以全面、整体的特征影响整个美育教学的实施。

（六）时代性、高尚性和民族性协调统一

时代不断发展，市场经济悄然发生着变化，社会文化也随着社会环境不断繁荣，特别是改革开放以来，流行文化的兴起给不同层次的人们带来了丰富多彩的娱乐产品，在这种情况下，以往传统的、单调的生活方式发生了转变，促使大学美育教学必须不断成长。人们的娱乐生活更为丰富和活跃，向着更活泼、更新鲜、更通俗、更生活化的方式发展。然而，这种大众文化的“世俗化”也导致了社会审美文化和学校的正统价值观之间的某种分离。因此，大学的审美教育必须考虑到大众文化的影响，必须更加小心地注意文化中多元化的元素，并满足现代大学生的需要，使大学的审美教育适应时代的发展。

当然，为了使大学的审美教育与时代的发展步伐相一致，我们必须坚持高尚性原则。但是，有相当一部分为了满足公众的好奇心的文化，因为大众的猎奇心理受到欢迎，又被加以游戏化的渲染，使其与人们的崇高道德意识背道而驰，消解着人们的道德意识，只为贪图享乐。大学生追求新鲜感，但是他们的辨别能力是不够的，而且容易受大众文化消极因素的影响。为使大学生的审美能够得到健康发展，他们需要坚持高尚的审美标准，加强道德的审美取向教育，发展健康的审美兴趣，使他们不仅在精神上能够获得愉悦，而且也能够在其中悟出真善美，陶冶自己的情操，升华自己的理想，领略到人生的情趣和美好。

民族性原则也是大学生在审美教育过程中所应该注意的问题。中华民族的审美意识强调感性与理性、现实性和思想性、再现性和表现性的和谐统一。例如，中国传统文化中的“天人合一”观念就对于人类的可持续发展和健康成长至关重要，人们热爱自然、亲近自然，与自然和谐共存、与自然共同繁荣，才能使人在人格上更加健康。传统的中国艺术，如音乐、雕塑、建筑、绘画、诗歌、戏曲、书法等，都有自己的系统和独特的风格，具有独具一格的东方神韵，为世界美育教学文化做出了独特的贡献。西方文化的扩张对中国大学生的美育教学心理和生活方式产生了深远的影响，对他们继承中华民族优良的审美文化传统、树立民族自豪感是有一定影响的。因此，大学美育教学的开展首先必须重点关注中华民族优良传统，帮助学生感受和理解中华民族的审美精神，使他们在审美心理培育中养成“爱我中华”的美好情操。

三、大学美育教学的途径

（一）开设美育教学基础课程，为学生终身审美铺路、引航

美育教学关注的重点是“育”，而“育”的过程需要基础理论指导。通过发现审美教育，传授审美教育的基本知识，掌握审美实践技能，允许学生进行审美教育活动的体验，以便在日常学习生活中亲身体验客观世界和人的自身美，对真善美和假恶丑进行比较鉴别，做出正确的判断。

（二）组织多样美育教学活动，为学生感受美、表现美创造条件

美育教学强调了实践性，而组织举办丰富多彩的活动是美育教学的重要方式。为丰富和活跃校园文化生活，让学生在各种各样的活动中张扬个性，学校应定期举办如大学生艺术节、合唱团比赛、校园歌手比赛、摄影比赛、书法比赛和绘画比赛、舞蹈比赛等一系列美育教学活动，使大学生在良好的艺术氛围中享受美的熏陶。如此还能锻炼他们的组织能力、适应能力、交际能力和意志品质，在生活、学习之余，受到美育教学的正面影响，使他们欣赏自然之美，理解美好事物，丰富学生的精神世界。

（三）开展学科美育教学渗透，使学生耳濡目染、潜移默化

教师的形象、才智和心灵是其所教学科美育教学渗透的前线，因此教师的“美”显得十分重要。除此之外，教材的内容美、形式美也是影响学科艺术美、知识美的关键因素。教师语言和行为的展示对学生的审美教育至关重要。宽阔的胸襟、高远的追求、平和的心态、高尚的情操都是教师的审美素养，教师对学生的影响和美育教学大多来自这种美的精神和人格。特别是职业学校，这里的大部分教育是通过实践或特殊培训进行的，老师必须精心设计教学活动的方方面面，如干净的实训环境、摆放整齐的实训工具、规范化的实训组织、合理流畅的实训环节等。技能训练内容和形式充满美感，学生

总是会享受整个技能培训的过程，其所接受的审美教育无疑也将高于空洞的说教。如果这种技能训练成为一种美的形式，那么它将成为学生乐于接受的活动。随着学生技能水平的逐步提高和充分发挥，那么技能培训便会成为一项令人兴奋的活动。在这样的境界中，学生必然会接受美的熏陶，激发起创造美的愿望。

（四）美化校园环境，全方位实施美育教学

古人云："入庄严殿堂而敛声，至幽雅圣境而屏息。"环境美育教学有很强的教育性、暗示性和诱导性。校园环境对学生的成长有着潜移默化的影响。校园环境不仅包含校园的自然环境和人文环境，还包括老师和学生之间的和谐关系、服务社会的校风、诲人不倦的教风、创新进取的学风等，这些微妙的环境构成了校园环境美育教学，对学生形成高尚的个性起着不可磨灭的促进作用。建设校园美好自然和人文环境的时候，还有个问题需要注意，那就是校园网络文化、服饰文化、消费文化等亚文化隐形阵地的建设。虽然，这不是校园的主要文化，但它在某种程度上却能够反映出某些人群的"热点"，对学生的价值观和行为取向产生更大的影响。

（五）创建美育教学专题网站，让学生畅游美的天地

美育教学专题网站这一多媒体形式可以将抽象的内容形象化、复杂的过程简单化、隐形的内容显形化、枯燥的内容生动化，它突破时空的限制，将书本上无法展示的自然美景、艺术精品、大千世界通过音像等手段从不同角度、不同侧面进行多方位的展示，直观、形象、生动地呈现在学生面前，让他们畅游于美的天地。美育教学专题网站还可针对职业院校学生的特点，在网络上开展各种美育教学活动，如举办平面设计大赛、多媒体软件制作大赛、网页设计大赛等，从而提升网络文化的格调和学生的审美趣味，提高学生对科技美的认识，丰富学生的课余生活，使网络成为学生趋善爱美、交流思想、发展个性、开拓创新的园地。建立美育教学专题网站，在增加美育教学信息传送量的同时，还可以缓解当前美育教学课程教学任务重、美育教学教师人手少的局面，对美育教学这门课程的教学改革将产生积极的影响。

第二章　大学生的学习

第一节　大学的教学特点

高等学校工作的主要任务是培养高级专门人才，这也是实现高等教育的基本途径，由此出现了大学教学。由于高等教育不同于一般教育，在性质、任务、教育对象和职能诸方面存在种种不同，因此大学的教学过程与中小学相比，具有许多不同之处。

一、学习目标不同

学校教育的最高阶段就是大学学习，大学生在掌握基础知识和基本技能的“双基”基础上进行系统的专业性训练，并准备毕业后独立从事创造性的科学技术工作。因此，在综合发展的基础上，德、智、体、美、劳必须成为大学教育的目标，以培养勤奋、进取的品格，形成合理的知识、能力结构，掌握严谨、辩证、灵活的思维方法。这是未来需要的德才兼备的、高级专门人才的必备品格。

二、学习内容不同

除了公开课程外，大学生还必须学习三种课程，分别是基础课程、基础技术课程和专业课程。大学本科教学大约有40门学位课程，其中涵盖广泛的新知识、新内容，在内容深度性和复杂性（尤其是专业课及其相关课程的内容）方面尤为突出，除此之外，也包括科学发展前沿的新知识和新技术。这些课程涵盖了实践性教学环节，大约占总学时的15%～20%。

三、学习过程不同

大学的学习过程具有明显的阶段性。以四年制理工科本科教学为例，一般可分为四个阶段。

（一）第一阶段：大致包括第一、二、三学期（按一学年两个学期计算），是基础理论课学习阶段

这个阶段是大学高等教育的开端，主要课程包括高等数学、外语、中国革命史、思想品德教育、体育、计算机基础，以及因专业不同而设置的大学物理、普通化学、机械制图、大学语文等。这些课程内容不仅扩大和深化了高中学习的基础，还提出了进一步发展智力、培养能力、训练思维方法和提高学术水平的任务。新入大学的学生必须尽快适应大学环境，掌握大学教学方法，切忌掉以轻心。想要考试及格，不被淘汰，需要其自身的努力学习。据统计，大学新生的学习成绩与专业课学习成绩的相关系数约为0.81。因此，理论课程的成功或失败对整个大学课程至关重要，并将产生深远影响。

（二）第二阶段：包括第四、五学期，是专业基础理论课学习阶段

专业基础理论课又称技术理论课或技术基础课，其内容包括本专业必需的基本概念和基本原理。

通过本课程学习可以学会处理问题的基本方法，并且完成科学研究的基本训练。由于在这一阶段所获得的知识已经涵盖了主要的理论要素，并且与职业培训密切相关，因此基础技术的学习有助于形成专门的知识结构。多数大学生的学习经验表明，只要努力学好技术基础课，便容易进入专业学习状态，并可参与一些微型的科研活动。此外，高等教育入学考试的科目也主要是从专业研究领域的基本技术科目中选择的。

据有关研究大学生学习动力问题的统计资料介绍，处于大二的学生的学习动力最弱。这时的大学生失去了刚入学时的新鲜感和兴奋感，又缺少处于大四学生为投身社会而努力充实自己的紧迫感，他们的学习精力容易分散，抗外界干扰能力较差，犯错误、受处分的较多，往往会在大一时的第一次淘

汰高峰过后出现的第二次淘汰高峰中落马。

（三）第三阶段：分布在第六、七学期的专业课学习阶段

在这个阶段，大学生学习本专业的专业理论，了解专业发展的最新趋势，并参与相应的实践性教学活动。这一阶段是形成整体专业结构的最后定型期，它将帮助毕业生迅速适应其工作以及工作环境。因此，大学生应该注重对本专业研究方向和发展动态的全面了解，并结合社会用人单位对人才的要求和自身的特长来确定专业的主攻方向，适时调整知识结构，从而提高适应社会的能力。

（四）第四阶段：位于第八学期的毕业设计（论文）阶段

在这个阶段，大学生的主要任务是在教师的指导下选择合适的科目，继续进行设计或撰写论文，充分利用四年的基础理论学习，独立分析和解决具体的生产实践问题，模拟职业培训。由于这是大学生在校期间的最后一次练习或演习，所以更要珍惜时间，“真刀真枪”地实践一次，切不可贪图省时省力，“假题假作”。即使是模拟题，也要认真去做，真正受到一次全面的训练。

在这段时间里，还要通过“供需见面、双向选择”落实工作单位，因此应该注意协调好毕业设计（论文）和找工作的时间安排，而不是忙于寻找工作单位而影响毕业设计（论文）的质量。

大学生应该主动研究并把握这四个阶段的特点，试着改变不合适的状态，争取尽快进入角色，开始工作。特别重要的是要在刚入大学的第一个过渡时期做好准备工作，并尽快适应大学教育和生活环境。否则，将影响整个大学学术活动的质量和水平。

四、学习形式不同

众所周知，形式依赖于内容，又反作用于内容，任何特定的内容都有这样或那样的形式。由于大学的深度和广度不同，它的学习形式是复杂和多样

的。举例来说，工科院校常见的教学形式有课堂讲授、习题课、讨论课、实验课、电化教学、辅导答疑和课外讲座，以及实践性教学环节（包括教学认识实习、生产实习、计算机应用训练、科研活动、课程设计和毕业设计等）。除了实践性教学环节以外，其他的教学环节在中学阶段都经历过，但是由于学习内容的拓宽和加深，并在素质和能力的培养上有了新的、更高的要求，所以被赋予了新的内涵，具有非常明显的不同特点。限于篇幅的限制，这里仅就大学的课堂讲授特点（“五多五少”）做一简单介绍。

（一）介绍思路多，过程讲解少

大家都知道，目前中等教育主要集中在应付各类考试上，每个人都要接受详细的课堂教学，教育也要事无巨细，不能有半点遗漏。在大学阶段，为了训练学生的独立思考能力和自学能力，采取的讲授方法提倡画龙点睛、点到为止，留下问题，引起思考，即只讲一部分、留一部分（或一大部分）。在讲授过程中，比较注意介绍问题的来龙去脉和研究思路，指出在研究某一问题时可以采取的各种不同方法和至今悬而未决的问题，而对于公式的推导、定理的证明、资料的说明和字句的解释等细节往往是用几句提示性的话一带而过，留待学生课后再行解决。这样，讲授速度必然快，一次性内容覆盖面大，一节课内容对应书本就是几页、十几页乃至二三十页。

（二）抽象理论多，直观内容少

大学教育的内容更加先进和抽象。例如，初等数学主要讲点、线、平面和简单的立体，而高等数学则要讲集、场、环和域，是比较抽象和概括的，属于工程数学的内容更显得难以理解和掌握。其他课程也有类似情况，不可掉以轻心。

（三）课堂讨论多，课外答疑少

教师很少出现在大学的课外活动中。大学教育需要高度的自学和解决问题的能力。通过课堂讨论解决复杂而可疑的问题。课外问答的时间较少，一般的课程采取每周 1 次、每次约 2 小时的做法。

（四）参考书目多，习题数量少

大学课程的习题量较少，但更复杂。要反复阅读教科书及其相关参考书，在弄明白问题的来龙去脉的基础上完成习题作业。大学学习过程要养成“多看课外书，及时整理读书笔记”的习惯，否则是难以实现学业有成的。

（五）课外时间多，上课时间少

一般情况下，大学生的上课时间每周仅有20学时左右，一门课程的课内、课外时间之比约为1∶2或1∶1.5。因此，大学生的课外学习时间是比较多的，应该学会自主学习，科学运筹时间，做课外时间的主人。

五、教学管理制度不同

高等学校于最近几年先后实施了以学分制为核心、比较严格的教学管理制度。

（一）学分制的主要特点

（1）将专业培养规格的知识总体分解成若干“知识模块”，学生在教师的指导下，根据专业教学计划的要求和本人的能力、志向，可以有计划地选修不同的课程。

（2）提前修满总学分并达到其他教学要求的学生可以提前毕业，但不许无限制地延长在校修业年限。

（3）允许学生提前修读高年级课程，亦可跨专业、跨系选修。

（4）学年可分为两学期，也可分为“两长一短”三学期。

（5）既要给予学生一定的学习（选修课程）自由，又要注意纪律教育和良好班风的形成。

（6）鼓励学生提前修满总学分。

（二）学分制教学计划的要点

（1）课程设置一般分为必修课和选修课两大类，选修课又分为限选课和任选课（或加选课）两种。

（2）选修课与必修课的学分比例视专业而定。一般地，选修课的学分占总学分的20%～30%，限选课与任选课的学分比例为2∶1左右。各校的具体实施细则稍有不同。

（三）学分制的优越性

（1）可以增强学生的责任感，并能调动学生的学习主动性和积极性。

（2）能够比较充分地贯彻“因材施教”原则，适应各类学生的不同需要，从而改变教学过程中“齐步走”的状况。

第二节　大学生的学习特点

大学阶段是人才从“求学期”过渡到“创造期”的关键时期。由于独立性和批判性的思维方式快速发展，大学生的学习活动开始向着某些显著特点发展，具体有以下五项。只有掌握了这些特点，我们才能正确运用大学的学习规则，不断提高我们的学习成绩。

一、自主性

10多年的学习和生活经历使大学生积累了丰富的知识和经验，此时的他们具备产生自我识别、自我探寻新知识的基础。教师在课堂上所讲授的内容已经逐渐不符合独立的、有针对性的学生学习方式，这些学生在学习中不断地向课外延伸，从纵横两个方面拓展自己的知识面，他们的自觉性和自控性也体现其中。在学习过程中，大学生应努力培养自主学习的能力，只有学会独立学习，才能更深入、更细致地学习，才能不断地获得新的知识，防止知识的老化，永远不落在后面。

值得注意的是，新入学的学生通常在课余时间没有活动，因为他们课后见不到老师，也不会科学运筹时间组织学习。因此，为数不少的大学生由焦虑不安到麻木不仁，毫无目的地读一些课外书，玩扑克、下棋，甚至睡觉。由于学习和生活上的充分自由，甚至一些用功学习的大学生也开始变得萎靡不振，因为他们不善于主动、有意识地独立学习，做不了掌握学习的主人。

二、专业性

所谓专业，是指与社会分工有关的职业所需的知识、经验、技能和能力的总和，这是通过职业培训和生产实践来实现的。大学生的知识结构系统、智能结构系统、心理品质结构系统和文化素质系统等，无不打上专业的烙印。大学的教学过程通常是集中在一个特定的学科而开展的教学活动，而大学生则是围绕着既定的专业进行学习。但是，也有很多大学生不注意专业的特点，仅凭自己的兴趣、爱好进行选择，导致精力分散，无学习中心，结果不但专业知识、技术没有真正学到手，毕业后也不适应本职工作的需要，有着被淘汰的危险。

还要指出的是，在我国现行教育管理制度的规定下，大学生入学后一般是无法灵活选择专业的。但教育体制改革促进了大学生在学习上的选择意向，学有余力的大学生可以较多地选择其他专业的课程，直至获得第二学士学位，也可修满学分而提前毕业。一些大学生把基础学习作为一种工具和基础，并以此作为转向其他学习领域的跳板。大学生形成学习上这种选择意向的心理因素的原因，大致有以下四点：在某一方面有特殊的兴趣、爱好，希望在相关方面获得突出成绩；认识到当代科学高度分化且高度综合的情况，以适应将来就业的需要；与未来的理想相联系，如报考研究生等；受教师讲授艺术所感染，随着教师的引导进入一个陌生的新领域。

大学生选择知识内容的倾向性，反映出他们的社会性、理想化、专业倾向的心理，也从另一角度证实了大学生学习活动具有独立自主的精神。

三、多渠道性

虽然大学生获取知识的主要途径是课堂教学，但是他们还在课堂之外通过自学、讨论、实践和学术会议、参加兼职和社会研究扩大他们的知识，积累丰富的知识和经验。

由于每个人的不同经历，使得大学生在知识结构、兴趣爱好、时间安排上有所差别，因此其智能培养和品德塑造必然是一个多渠道、多形式、多层次、多环节的复杂过程。除了教学计划内的教学、实验和实习之外，课外研究小组、第二课堂活动和社会调查等，都在能力建设和教育方面发挥了积极作用。

四、实践性

大学的实践性教学环节较多，在总学时中占的比例高达20%以上，所以实践性也是大学学习的特点。

为培养大学生独立思考和独立工作的能力，实践性教学环节就显得十分重要。在这个过程中，大学生需要逐步掌握最起码的实验方法和生产工艺知识，学会常规的实验技能和工艺操作技能等本领。然而，大多数大学生对真正的学习关注太少，错误地认为学好书本知识就可以了。如此，他们根本无法获得真正的知识和技能，更不用说深入理解理论性知识了。这样的学生是难以胜任毕业后的专业性工作的，将成为不受社会欢迎的大学生。

五、创造性

为了振兴国家，使民族得以强大和繁荣，我们必须把重点放在优先发展高新技术产业和培养大量创新人才上。这不仅是时代发展的需要，也是科技发展的必然。因此，培养学生的创造力成为高等学校未来发展的方向，在教育中发挥着至关重要的作用。

日趋成熟的大学生生理、心理、思维、智能的发展水平为他们的学习由继承性过渡到创造性提供了条件。深入的专业知识和广泛的知识整合教学，也为大学生未来走向创造型道路打下了扎实的基础。然而，目前学生的创造力和研究能力普遍较低。他们在研究活动中往往是被动的、消极的，一些学生甚至怀疑他们的创造力。因此，摆脱自卑感和获得自信成为发展创造力的一个重要问题。许多中外闻名的科学家的成才史告诉我们，他们在大学生活时就已经开始在学术生活中运用他们的创造力。大学的学习过程对未来的创造是非常重要的。作为一个致力于成功、成才的学生，应该时刻激励自己，永远不忘创造的重要性。

第三节　大学生的学习观

刚入学的大学生要想尽快适应大学学习生活，首先需要形成正确的学习观，学会正确的学习方式，并在此基础上增加学习新的科学内容，以适应21世纪传统的学习观念和新型人才的需要。按照这一思想，大学生必须建立如下的大学学习观。

一、大潜力学习观

由于受到环境、教育、主观能动性以及社会多种因素的影响，使人们不能发展到他们本应该达到的智力水平。古今中外，出类拔萃、才华横溢的人才虽然成千上万，但在人类总数中所占比例却微乎其微。因此，每个人的智能潜力都是巨大的。对于大学生来说，不论是拔尖生、优等生、中等生、差等生，他们的学习潜力都是极大的，只要真正掌握了学习的规律，便能把自己的智慧宝藏加速开发出来。

二、成才学习观

学习不是自我分析和娱乐的一种形式。学习是为了成为创造型、开拓型、奉献型的人才。大学生应该追求事业发展和社会进步，敢于竞争，敢于展示自己的智慧，敢于成名，敢于追求理想和目标。

三、科学学习观

不仅敢于成才，还要善于成才。“只要功夫深，铁杵磨成针”“书山无路勤为径，学海无涯苦作舟”，这种认识是不全面的。学习不仅要勤奋和刻苦，还必须科学。学生必须理解学习的本质，理解学习和成功的规则，并在此基础上建立一套科学的学习方法。不仅如此，提高心理素质和学习策略也同样重要。

四、勤奋学习观

勤奋学习观是传统学习观中的精华，古人总是爱强调勤奋对于学习的重要性。学生只有勤奋学习才能跨入大学的校门，才能从中获益。然而一旦成为大学生，由于受各种因素影响，加之没有及时确立新的学习目标，都有松一口气的思想，有的甚至丢掉了勤奋学习的好传统。

根据贝雷智力发展曲线我们能够知道，人的智力在18～22岁年龄段还有较大幅度增长，大学四年正处于这一年龄段，因此智力发展在这个阶段上显得尤为重要。在这段时间里，如果学生在学习上努力勤奋，那么他的智力水平将得到大幅度增长。

虽然年龄因素对智力的发展有一定的影响，但起决定性作用的因素却是教育、环境及自身的努力程度。大学生的受教育程度和所处的学习环境是一样的，因此在大学期间学习成绩高低、智力能否飞跃发展的决定性因素就是自身努力程度（即勤奋程度）。

处于同一所大学的学生智力并没有多大差别。有正确的学习方式并愿意努力工作的人才会得到更好的收获，这就是所谓的“一分耕耘，一分收获”。

五、自主学习观

如今的教育模式与传统的教育模式的不同在于“中心”的改变。陈旧的教育模式通常以“书本、教师、课堂”为中心，忽略了大学生主体。现代的新型教育模式则是强调自主学习，明确了大学生的主体地位。在这种模式下，教师一般起指导作用，让学生以其目标为基础，积极主动地进行学习，启发他们的自我意识，是学生主体意识的觉醒。但是这种新型的教育模式在指导方面还需要教师发挥好对学生的教育作用。教师是学生的表率，这就要求教师不管是在工作还是在生活方面，都要注意自己的言谈举止，对学生产生良好的影响。不仅如此，新型的教育模式还要求学生主动、积极、刻苦学习，以主观能动性带动学习的顺利进行。因此，“两个老师（教师和学生本人）教一个学生”的自主学习观念才是正确的。

自主学习与自学不同，自主学习是一条教学原则，自学则是一种学习方法。自主学习更不是“自由学习”，不是想学什么就学什么，两者有着本质上的区别。

（一）为什么要建立自主学习观

1. 从大学学习任务看

大学学习是为培养高级专门人才打基础、做准备。管理人员应该能够自我学习、独立工作，具备分析和解决问题、开发和改进问题的能力。这些技能必须建立在学生能独立学习的前提之上。

2. 从大学生的智能发展来看

大学生智能的获得和发展是需要通过自身的自主学习作为基础的。智力属于个性心理学的范畴。不管它们是思维还是创造力，它们都是“独立的”，因此如果全部依靠老师，那么是不可能培养得出具有较高智能水平的人才的。

3. 从科学技术飞速发展的趋势看

现在，知识总量在快速增长，知识更新速度也不断加快，导致教学速度、内容激增，并产生重大变化。但是教学时间限制了教师的传授内容，从而把内容限制在了一定范围之内，这使得教学在深度学习上是不可能的。

4. 从自主学习的作用看

大学的教学管理实施学分制，需要大学生按照自己的能力，有计划地、主动地选择不同的课程，从而积累知识，形成自己的知识结构。不仅如此，还要向大学生提供跨学科、跨专业的学习机会，有选择性地让其知识结构从单一方向朝着多个方向发展。学生是否能满足这些要求，将取决于他们是否拥有足够的学习能力，能否主动、独立地去学习。

（二）大学生在校期间如何实现自主学习

第一，学生需要具有较强的自觉性，这是实现自主学习的基础。第二，学生需要不断地增强自我学习能力，并灵活地利用知识以实现“学习”的目标。第三，学生必须自我加以控制，充分利用时间，为自己创造良好的学习环境。

六、创造学习观

创造学习观的概念意味着要把学习过程当作一种创造性劳动。大学生在接受知识的同时也要像前人创造知识时那样去继续思考，从而在一切形式的教学和实践活动中努力创新，甚至以创新的想法和方法来解决问题。不仅如此，我们还应该重视知识的发展和信息收集的能力。

随着社会生产和科学技术的飞速发展，对人才具有创造性思维的需求也日益迫切。在大学学习过程中，创意学习的概念越来越重要。一直以来，以“满堂灌”“填鸭式”等教育方法为主的中国式封闭教育模式已经渐渐脱离了时代发展的需要，这样培养出来的学生尽管知识丰富，却缺乏独立思考能力和创造精神。因此，未来想要更好、更快地发展，经济想要腾飞，首先就要扭转这种学习方式，培养大批创造型人才，为中国未来的发展打好基础。所以，大学生应该及早确立创造学习观。

七、终身学习观

所谓终身学习观，是指把学习贯穿于人的整个一生之中。生活即是学习，学习也是生活。将学习融入生活中，每时每刻都爱学习，拓展学习的时间、空间，将局限最小化，从“一次学习、终生受用”的狭隘观念中解放出来，形成有机结合的一体化组织。

（一）为什么要建立终身学习观

正如联合国教科文组织编著的《学会生存》一书中所指出的那样：“我们再也不能刻苦地、一劳永逸地取得知识了，而需要终身学习去建立一个不断演进的知识体系——学会生存。”

1. 适应科学技术发展的需要

如果大学生只是使用有限的学校知识来适应他们的工作要求，这在短期是正常的，但从长期来看是不正常的。如果我们没有及时增加知识，就无法随着时间的推移而进步，最终就会被社会抛弃。

2. 适应工作变换的需要

大学毕业生不可能在一个岗位上干一辈子，随着人才劳务市场的建立，人才合理流动、职务的变迁、工作的转换都需要重新学习新知识。即使一辈子都干一种工作，在工作中也会经常遇到许多新问题，如生产方向的调整、产品的更新换代，以及技术引进与技术改造等问题，这仍然需要继续学习新知识，否则就会在新形势、新任务面前一筹莫展，无法适应。

3. 终身学习可以充分开发人力资源，促进经济和社会的发展

很久以来，人们都相信一种没有科学依据的划分时间的方法，从而误解了学习的时间和空间，把人的一生机械地划分为学习期和工作期。这种错误对人力资源造成了极大程度的浪费。自法国教师保罗·兰格宣布高等教育理论以来，该理论产生了深远的影响。我国重视持续教育和培训各种工作人员，支持终身学习。

终身学习已成为社会发展的共同趋势，它已经同各国参与国际竞争联结在一起而受到越来越广泛的关注。大学生应该树立终身学习观，真正做到学习、学习、再学习。

（二）如何实现终身学习

终身学习的一个重要特点是学习不受时间、地点、条件的限制，学习内容、方法具有灵活性、机动性和多样性，可以因人而异。要实现终身学习，必须把握住如下两点：

1. 充分利用终身学习的主课堂——图书馆、各级各类培训班和各种函授讲座

大学生可以充分利用这些条件，收集、整理、存储各种文献资料，及时补充新知识，吸取新养料。

2. 实现终身学习的基本途径——自学

坚持终身学习的人不可能始终有老师陪伴左右进行辅导、讲授，一切学习都要靠自己。因此，大学生从入学起就要培养自学能力和自学习惯，为实现终身学习创造条件。

八、全面学习观

全面学习的含义基本包含了两个方面。第一，在学习的整个过程中，不但要学习怎样做事，也要学习怎样做人；既要培养道德，也要培养才能。第二，在人才的发展过程中，必须明确“广博”和“精深”的关系，平衡二者，从而达到广博基础上的精深。如果一个国家渴望进步和发展，想要在世界占有一席之地，那么它就需要一群有才华、有品德的人，使他们能够在更深、更广阔、更高的层次上努力工作。

（一）德才兼备是人才的基本素质

从古至今，每个社会的执政阶层在评价其才能时，都把“德”摆在首位。所谓的“德”，即道德，是人类之间、人类与社会之间行为规范的总和，包括整体的政策和意识形态、行为和心理素质。

“才”，指才能，包括才智和能力，是指人们立足于现有知识，通过实践改变客观世界的本领。俗话说：“非学无以成才”。由于大学教育主要是职业教育，学生也努力掌握一些专业知识和技能以希望未来能够在这个行业做出些成就，或能够创造出来大量的知识和信息。这些因素使得大学生必须利用这些知识和信息的广度和深度，尽可能地成为一名“复合型”的人才。

树立全面学习观，就要树立全面发展观，要德、智、体、美、劳诸方面全面发展。

（二）知行统一是成才的基本要素

学习知识，掌握本领，其根本目的是在改造主观世界的同时改造客观世界。这就要求大学生做到知行统一，既有知识又有能力。知识多而能力差是不可取的；离开知识的学习与良好素质的培养，也谈不上能力的形成；不培养良好的素质，知识难以积累，能力也难以形成，知识和能力更难转化为现实的力量。因此，全面学习观既包括知识的学习，也包括能力的锻炼。

（三）向社会学习是成才的重要途径

全面学习观包括向社会学习的意识。社会是一个大课堂，那里有丰富多彩的学习内容。人们要善于向社会学习，社会是取之不尽、用之不竭的知识源泉。一般说来，生活知识远比书本知识更加丰富多彩，书本的内容来源于生活，但又落后于生活。要学习，但不能仅限于书本，更多的应该是在生活中和实践中学习，懂得生活的意义。读无字书，一是拜能者为师，二是参加社会实践，三是在使用中学习。

总之，只要大学生在头脑中逐步树立以上的学习观，必将很快适应大学的学习生活，使自己活得有意义，受益终生。

第三章　美育教学思想发展史

第一节　中国美育教学思想发展史

中国是世界四大文明古国之一，有着悠久的历史。五千年文明之光在这片东方故土上熠熠生辉。中国审美教育的历史也十分悠久，中国“诗教”“乐教”的美育教学传统就是古代中国人在实践基础上对美育教学经验的概括和总结。

历史上的西周时期，距今已有三千多年，这是中国审美教育有史可考的最早时期。美育教学中的“德、智、体、美、劳”等多种教育因素在那时被赋予在“礼、乐、射、御、书、数”的六艺教育当中。自此之后，无论朝代如何更迭，朝廷都十分重视美育教学，并最终形成了具有中国特色的美育教学思想。中国的美育教学思想大致可分为古代、近现代和当代三个阶段。

一、中国古代的美育教学思想

中国古代的人伦文化影响深远，因此美育教学思想在古代也深受其影响。具体来说，中国古代的美育教学思想有以下几个方面的特征。

（一）重教化，强调美与善的统一

在“六艺”教育中，“礼”居于首位，这就要求包括美育教学（“乐、教”）在内的其他教育从属于“礼”的教育，要求受教者明白“君臣之义”“长幼之序”，通过“演礼”等活动，使其行为举止合乎礼节。孔子的美育教学思想是中国远古美育教学思想的集大成者，并开创了后世诸多美育教学

思想的先河。他的美育教学观念十分突出地显示了以善代美、美善统一的特征。他对中国古代第一部诗歌总集《诗三百》的总体评价是“思无邪”。他还主张“放郑声”，因为在他看来“郑声淫”。注重“诗教”“乐教”的思想在汉代《毛诗序》中也得到承传和进一步阐发：“风，风也，教也；风以动之，教以化之。”“故正得之，动天地，感鬼神，莫近于诗。先王以是经夫妇，成孝敬，厚人伦，美教化，易风俗。”这些思想都强调了审美的道德教化作用。

（二）重视美育教学对人的道德完善、自身发展的作用

孔子劝其子鲤学诗，说“不学诗，无以言”，并进一步阐发了诗的作用：“诗可以兴，可以观，可以群，可以怨。迩之事父，远之事君；多识于鸟兽草木之名。”他还明确指出君子修身的三部曲——“兴于诗，立于礼，成于乐”。继孔子之后，又有许多人从人的发展这一角度强调美育教学，如汉代刘向说：“君子以礼正外，以乐正内。内须臾离乐则邪气生矣，外须臾离礼则慢行起矣。”这实质上是孔子“文质彬彬”说的发展。明末清初的王夫之提出关于人的发展的“兴”这一范畴，明确将美育教学与成人直接联系起来，他说：“能兴即谓豪杰，兴者，性之生乎气者也。……圣人以诗教以荡涤其浊心，震其暮气，纳之于豪杰而后期之以圣贤，此救人道于乱世之大权也。”

（三）强调以理节情，追求中庸平和之美

中国古代美育教学思想追求中和之美，这一点可以追溯到《尚书·尧典》，帝（指舜）曾对掌管音乐的夔说，用音乐教育子弟使其成长，要“直而温，宽而栗，刚而无虐，简而无傲”“八音克谐，无相夺伦”，最终达到“神人以和”的目的。孔子继承和发展了这种中和为美的思想，他赞赏《诗经》首篇《关雎》“乐而不淫，哀而不伤”的“言和”特点。他认为：“质胜文则野，文胜质则史。文质彬彬，然后君子。”儒门弟子在《中庸》中明确提出“中和”之美的思想。荀子则在《乐论》中论述了“中和”之乐对于社会安定的作用。以上诸论，从各种角度极言乐之“中和”的作用。那么如何才能达到“中和”境界呢？那就是通过理智的调节，即所谓“发乎情，止乎礼义”，

通过礼义来调节情感，继而达到“乐而不淫，哀而不伤”的审美效果。

关于孔子此说，过去人们常常从政治角度进行批判否定，其实孔子此言不仅为塑造“文质彬彬”的君子提出了具体的美育教学原则，而且也提出了美育教学中“情感的快适度”这一审美心理问题，对于美育教学的具体操作实施提供了科学的心理参照。否则，如果忽视教育者的审美心理状态，审美教育的效果就会受到过度或不足的影响。

（四）认识到了美育教学的情感陶冶作用

荀子在《乐记》中说：“乐者，乐也，人情之所不免也。故人不能无乐。”“声乐之入人也深，其化人也速。”司马迁也认为：“音乐者，所以动荡血脉通流精神而和正心也。”这都是强调音乐等艺术作品对人的情感的陶冶作用，而且这种陶冶作用还是潜移默化的，能够极大地震撼人心。古人用“风”“化”这两个范畴来概括美育教学所具有的移情作用是十分准确的。

二、中国近现代的美育教学思想

到了近现代时期，中国的美育教学思想在系统和深入程度上比古代都有所增加。中国古代的审美教育基本上是从属于哲学、伦理、文论的，不是一种独立的形式，但是随着事件的发展，到了近代，由于西方学校制度的兴起和西方美育教学理论的引入，美育教学成为其中一个重要的方面，且是教育科学的一部分，不仅被积极地宣传，而且在实践中得到了广泛的应用，更在其基础上形成了自身的审美教育思想体系。

（一）明确提出“美育教学”范畴，并对其做了科学的界定，对美的意义进行了极力地鼓吹

中国近代史上的美育教学首倡者——梁启超，作为资产阶级改良主义的政治家、思想家，对美育教学的特点和作用做出了自己的阐释，他认为美是生活的一个要素，或者还是各要素中之最要者，倘若在生活中把美的成分抽出，恐怕便活得不自在，甚至活不成。这种从情感教育的角度进行的阐述使

美育教学不再像古代的美学家那样只是将美当成要达到某一目的的工具，而是将美、趣味看成人生的重要内容，看成是“生活的原动力”。他主张借助“艺术”这一“情感教育最大的利器”来陶冶人的情感，极力提倡小说革命，强调文学是“人生最大的嗜好”，以图“支配人道”“福征兆人”。

王国维在1906年发表《论教育的宗旨》一文，提出了著名的“心育论”观点。他认为教育包括体育和心育两大方面，心育包括智、德、美（情）三育，“德、智、体、美”四育并举才能造就“完全之人物”。他从美育教学与德育、智育的联系中进一步强调了其作用，认为美育教学一方面使人感情发达，另一方面又是德育与智育的手段。

蔡元培作为学界领袖，更是热心倡导美育教学。他说，美育教学的目的，在陶冶活泼敏锐的心灵，养成高尚纯洁的人格。针对青少年的特点，他认为尤其需要加强对他们的美育教学。蔡元培还将美育教学作为国民教育的五个重要方面之一。

（二）将美育教学作为社会改造的重要手段，认为美育教学是“完全之教育”工程中必不可少的内容

梁启超较早地看到了文艺作品的移情功能，认为艺术是情感教育最大的利器，主张“欲新民，必自新小说始”。从中我们可以看出，梁启超之所以大力发展美育教学，其实是希望美育教学能够带动社会进步、国民提升。首次将美育教学与德、智、体三育相提并论的是王国维，他不但论证了其合理性，还提出有美育教学的教育才是“完全之教育”。1922年，蔡元培指出美育教学的作用在于培养中国人的感情，使人们的思想行为都美起来。

（三）认识到了艺术与科学的密切联系，提出了“美真合一”的观点，摒弃了古代美育教学思想中急功近利的因素，认识到了形成美的独立价值

梁启超最早认识到了艺术与科学的密切联系，他认为，艺术与科学，前者是情感的产物，后者是理性的产物；但文艺复兴的历史却告诉我们，艺术可以产生科学。他说，美术所以能产生科学，全以“真美合一”的观念发生出来。他们觉得真即是美，又觉得真才是美，所以求美才从真入手。蔡元培

也强调美育教学与科学的密切关系，他认为研究文化“应研究科学”。他还强调治科学的人应涉猎美术，因为有了美术的兴趣，不但觉得人生很有意义，很有价值，就是治科学的时候，也一定添了勇敢活泼的精神。所以知识与感情不好偏枯，科学与美术不可偏废。看到了美与真的密切联系，就易于走出审美的功利主义，就能够发现独立的形式美。

（四）强调文学艺术是美育教学的主要手段，提出了美育教学的距离原则和实施美育教学的系统方案

梁启超认为，情感教育的最大利器就是艺术。王国维在《论哲学家与美术家之天职》一文中把艺术和哲学说成是天下最神圣、最尊贵者，要引导人们进入艺术世界，达到美育教学的目的。王国维在《人间词话》中还论及审美距离的重要，他说，诗人对宇宙人生，须入乎其内，又须出乎其外。入乎其内，故能写之。出乎其外，故能观之。这些观点对于教导人们对生活保持审美的态度、对于提高审美能力都具有重要意义。蔡元培1922年在《美学教育实施的方法》一文中，提出了系统、科学的美育教学实施方案。他指出，美育教学“可分为学校、家庭、社会三方面”并分别对学校美育教学、家庭美育教学、社会美育教学的具体实施做了说明。

概括而言，与古代相比，中国近代的美育教学思想在体系的科学性方面，已经在很大程度上实现了超越，但是却依然不具备科学的、历史观的指导，再加上西方唯心主义哲学观和美育教学理论的不断冲击，使得中国近代的美育教学思想的空想性十分浓厚。

三、中国当代的美育教学思想

我国美育教学的产生和发展大概可以追溯到三千年前，在漫长的时间长河中，我国的美育教学发展出了与众不同的丰厚思想。我国当代的美育教学思想可以分为以下几个阶段。

1949—1957年，是中华人民共和国成立后美育教学思想的确立及美育教学的发展时期。中华人民共和国成立初始，在共产党和人民政府的领导下，

无论是经济、政治还是文化层面，都得到了空前的发展。文化上呈现出一片欣欣向荣的发展态势，由此使得美育教学受到了空前的重视。当时中央人民政府颁布的国民教育的各项规定都明确提出了各级学校美育教学的任务和要求，在有关文件中明确要求学生要做到“德、智、体、美与生产技术”全面发展。

1955 年 9 月 2 日，教育部《关于颁发“小学教育计划”及“小学教育的课外活动的规定”的命令》指出：“小学教育的任务是培养社会主义全面发展的成员。所以小学中不但要进行智育、德育、体育、美育教学，同时还必须有步骤地实施基本生产技术教育。”对于发展美育教学不仅限于文字，还在实际工作当中出台了一系列措施。比如，重视中小学到大学的音乐、美术课程，增加学生在课外的文娱活动时间等。

1957—1960 年，这个时期的美育教学在一定程度上受到了削减。

1960—1966 年，美育教学在这个时期得到了一定程度上的恢复。1961 年教育部在《关于中等师范教育若干问题的意见》中，明确规定艺术课应占各科课时数的 11%～13%。1962 年以后国内编发的《教育学》又重新论及美育教学，各学校也重新重视美育教学。

1966—1976 年，美育教学稍没落。

1976 年至今，美育教学得以逐渐振兴。教育部门的极“左”路线在党的十一届三中全会以来得到了批评和修正，我国重新将美育教学划入教育方针的重要内容中来，这使得美育教学工作引起了国家领导和教育部门领导的广泛重视。1986 年，全国人大六届四次会议通过的《中华人民共和国国民经济和社会发展第七个五年计划》中明确指出：“各级各类学校，都要加强思想政治工作，贯彻德育、智育、体育、美育教学全面发展的方针，把学生培养成为有理想、有道德、有文化、有纪律的社会主义建设人才。”

在这个基础上，国内国家级、省级和市级的美育教学研究会相继成立，相继举办了国家和省级美育教学研讨会，出版了一系列关于美育教学的书籍和文章，这一系列措施对美育教学今后的性质、任务、角色、作用、理论、实践等问题都有了深入而系统的研究。特别是《中国教育改革和发展纲要》提出加强素质教育以来，美育教学的重要性引起了越来越多的人的注意。现在，“没有美育教学的教育是不完全的教育”已经成为大多数教育家的共识。国家教育委员会也将成立音乐和美术教学指导委员会。根据培训计划和培训材料为学生构建和改革艺术教育，并进行宏观指导，这将在推动学校审美教育方面发挥重要作用。

第二节　西方美育教学思想发展史

三千年前，西方美育教学的触角也已开始渐渐展现。在两千五六百年前的古希腊时期，就有了丰富的美育教学思想。西方美育教学思想的发展大致可分为古代、近代、现代三个阶段。

一、西方古代美育教学思想

西方美育教学发源于古希腊。大约公元前五六世纪，古希腊就有许多论及美育教学的著作。以后各个历史时期，美育教学思想都有所丰富、发展。概括起来，西方古代的美育教学思想大致包括以下内容。

（一）重视美育教学的道德教化和情感陶冶作用

古希腊时期，由于并没有出现“审美教育”一词，因此人们通常用“艺术教育”“音乐教育”来表示“审美教育”这一范畴。

当时的人们已经明白，想要培养人类道德品质、智力水平以及高尚情感，可以利用绘画、音乐等艺术门类作为手段，以此让学习者徜徉在优美的环境中，从而使道德得以提高，使感情得到陶冶。柏拉图是古希腊伟大的大思想家、美学家，他在《理想国》中提出教育制度应该包括两个方面的内容：一是“为身体的”“体育”；二是“求心灵的美善的”“音乐”教育。他十分看重音乐的美育教学作用，认为音乐的节奏和旋律有一种强大的力量，可以穿透灵魂最深处。他认为，受过良好音乐教育的人，一看到丑陋的事物就本能地加以厌恶，但是一看到很美的东西，就会赞赏它们，很快乐地把它们吸收到心灵里作为滋养，因此自己的性格也变得高尚优美。柏拉图的学生亚里士多德是另一位著名的希腊哲学家，他也认为音乐可以“操守心灵”。

在文艺复兴时期人们开始更清晰和更具体地认知到艺术的功能。英国文艺批评家锡德尼强调诗既为了怡情，也为了教育，并且情是为了鼓舞人们去实践那个他们本来会逃避的善行，而教育则是为了使人们了解那个感动他们、使他们向往的善行。锡德尼的观点显然是对古罗马贺拉斯“寓教于乐”说的发展。

为什么文学和艺术作品可以扮演道德教育的角色？柏拉图认为，艺术可以表达人们的优点，艺术是有感染力的。他还坚持要仔细测试和选择音乐内容和形式，并主张保留严肃、大胆、热情、聪明的歌曲。中世纪神学家奥古斯丁对宗教美育教学的重视程度很高，他认为所有美好的事物都会吸引人。

（二）认识到了美育教学的“寓教于乐”特征

对美育教学这一特征最早论及的古罗马的文艺批评家贺拉斯说，诗人的愿望应该是给人益处和乐趣，他写的东西应该给人以快感，同时对生活有帮助。美育教学有着区别于其他教育的重要特点，这一独特的教育方式便是“寓教于乐”。在使人快乐的同时，又使他受到教益。

（三）认为艺术作品是美育教学的基本途径

西方古典美育教学特别看重艺术美，在许多美学家眼里美育教学就是“艺术哲学”。因此，美育教学便被视为艺术教育、音乐教育。西方古代美学家几乎无人谈美育教学，都是就某一门艺术来谈论它对人所发生的影响。艺术美之外的现实美——特别是自然美，还没有进入人们的审美领域，美育教学也就只限于艺术领域。

二、西方近代美育教学思想

近代，西方由于政治、经济水平的迅速提高，使得文化水平也具有领先优势，这样的发展当然也少不了美育教学。一系列重视美育教学的大教育家在此时涌现出来，如夸美纽斯、洛克、席勒、赫尔巴特、第斯多惠等，他们在科学的思潮影响下对美育教学的特征有了自己的认识，这使得美育教学的范围较之古代也大大地扩大了。具体来说，可以概括为以下几个方面。

（一）西方近代美育教学思想产生了席勒撰写的人类历史上第一部美育教学专著《美学教育书简》

席勒在深入研究了资本主义现实后，发现人被束缚在整体中的一个孤零零的断片上，他无法发展自己生存的和谐，他渴望恢复完美的人性。他认为，人只有通过审美教育的途径才可以达到自由。席勒认为人生来便是不自由的，无时无刻不受两种力量的强制，一种是“感性冲动”，即人要求使理性形式获得感性内容，使潜能变为实在；一种是“理性活动”，即人又要求感性内容或物质世界获得理性形式，使千变万化的客观世界现出和谐与法则。感性冲动使人感到自然本性要求的强迫，而理性冲动又使人感到理性要求的强迫。如何摆脱这种不自由状况呢？席勒指出，必须结束两种冲动的对立，实现二者的统一，于是产生了第三种冲动——“游戏冲动”。席勒认为，只有游戏冲动能够消除一切强迫，使人在物质方面（即感性方面）和精神方面（即理性方面）都恢复自由，人就会兼有最丰满的存在和最高度的独立自由，从而达到人格的完整与心灵的优美。因此，席勒指出，只有当人充分是人的时候，他才游戏；只有当人游戏的时候，他才完全是人。显然，席勒的美育教学思想是为了实现他的自由王国中完善发展的人。与席勒同一时期的德国教育家赫尔巴特第一个正式在教育体系中确立了美育教学地位。他认为教育的本质就是用各种观念来丰富儿童的心灵，把他们培养成具有完美的道德品格的人。

（二）强调美育教学的愉悦性、主动性、自由性

夸美纽斯是捷克伟大的教育家、美育教学思想家，他在17世纪中叶就深刻地认识到了教学的艺术性，并加以强调。尽管这时候并没有出现“美育教学”这一术语，但他的教育理念包含了丰富的美育教学因素。在夸美纽斯的教育理念中奠定了美育教学在教育中的整体地位与意义，他强调教育是一门给老师和学生带来最大快乐的艺术。除此之外，他还认为，在教育中一个好

的环境应该是必不可少的。学校的本身应当是一个快意的场所，因为，广大青少年眼睛看到美丽的图画，耳朵听到美丽的曲调，是他们不必督促就会去欣赏的。这就揭示了美育教学的情感愉悦性和积极主动性。卢梭是法国启蒙思想家、文学家，他的教育理念是“回到自然”，适应自然，发展身体和思想，成为自由和自然的个体。同样是法国启蒙主义思想家、文学家的狄德罗曾结合戏剧谈到文艺作品对人的情感愉悦性和净化作用。俄国民主主义文学批评家别林斯基也特别称赞普希金的作品在培养人性方面的突出作用，他说在教育青年人、培养青年人的感情方面，没有一个俄国诗人能够比得过普希金。德国教育家第斯多惠在美育教学思想史上首次提出了“直观教育原则”，主张“借助于感性认识和以它为基础的主动性”。这既道出了美育教学的主动性，又认识了美育教学的直观形象性。

（三）强调美育教学与德育、智育等教育的协调发展

洛克是英国的唯物主义哲学家，他认为全面协调进行的教育才能够培养出“高贵美”的“绅士”。全面的教育指的是不仅需要身体的健壮美，还需要内在的心智美。洛克的思想离不开文艺、绘画、跳舞、旅游、游戏等形式的美育教学，好的“绅士”应该具备德行、智慧、礼仪和学问四个方面的优秀品质。他认为有健康的身体才有健全的精神，一个身体、精神有一方面不健康的人，即使得到了别的种种，也是徒然。席勒在《美学教育书简》中，明确提出了德、智、体、美“四育”的概念，并强调了美育教学在系统教育中的独特作用。他说，有促进健康的教育，有促进认识的教育，有促进道德的教育，还有促进鉴赏力和美的教育。美育教学的作用在于培养我们感性和精神力量的整体达到尽可能和谐。德国教育家赫尔巴特所强调教育培养的六种兴趣（经验的、思辨的、审美的、同情的、社会的、宗教的），也明确包括着美育教学的内容，并注意各种兴趣的全面发展。

（四）美育教学的范围大大扩大了

将西方近代艺术教育与古代艺术教育相比较而言，近代艺术教育不再局限于艺术领域，开始延伸到自然、生活等各个方面。洛克关于培养优雅绅士

的教育所包含的四个方面——德行、智慧、礼仪和学问就已经将美育教学的内容扩大到了生活之中。卢梭的“自然教育”理论将美育教学的范围扩大到充满生机的自然之中。车尔尼雪夫斯基是19世纪俄国革命民主主义者，他认为等级制教育是错误的，教育应该民主，以培养“杰出的新人”为目的。美育教学中著名的“美即生活”论述就是车尔尼雪夫斯基提出的，他大大拓展了美育教学的范围，将“美”带入民众的生活中，增强了民众对“美”的生活的热爱，推进了审美教育的普及。

三、西方现代美育教学思想

自20世纪以来，西方在科学技术领域快速发展。这样的社会环境在给人们带来巨大物质财富的同时，也带来了深刻的危机和隐患，甚至可能给人们带来潜在的危险。其中最明显的是人的全面发展受到限制，人越来越符号化、程序化，人类本性的完美受到了严重的挑战。在这个历史背景下，席勒的审美思想开始被广泛地认识和深化，尤其是他在近代提出的“感性冲动和理性冲动”的矛盾在西方现代社会表现得更为突出和尖锐。人在工业社会的发展下变得越来越片面和单向。越来越多的思想家、教育工作者和美学家发现了审美教育与人类总体发展之间存在的内在关系，并开始把审美教育作为一个十分迫切和极具挑战性的主题进行研究。此时的人们已经了解到想要解决问题，需要从多方面、多角度进行考虑，因此美育教学成了哲学、心理学、教育学、社会学、文化学等多种学科瞩目的中心之一。西方现代美育教学的方向和理论贡献大体表现在以下几个方面。

（一）重视人的感性的解放

20世纪初，美国哲学家、社会学家和教育学家致力于追求民主，通过改革促进人民、社会进步。他们认为教育即是生活，学校即是社会，儿童是中心；重视经验与感性，强调兴趣教学和艺术教育，认为艺术欣赏不是教育的奢侈品，而是必不可少的课程。马尔库塞是德国哲学家、美学家，以及西方马克思主义的代表人物，他十分重视感性的解放。在他看来，现代西方社会的现代物质文明和科技进步，以及社会之间的高度分工使得人们成为“单向度的人”。另外，奥地利精神分析学家、现代心理学的创始人弗洛伊德，从心理学角度认为通过艺术这种“白日梦”活动，使被压抑的潜意识得到升华，实现人的心理健康。他认为，人与社会的和谐共存，人类需要以先锋艺术来对抗压抑的社会关系，追求自然的解放和感觉的解放，用新的感性去发展新的合理性，完成对现存社会的全面超越。

（二）美育教学创造美好人生，增强生活乐趣，提高思维能力，促进人的全面和谐发展

苏联是世界历史上的第一个社会主义国家，在其经历十月革命后，社会主义的文化教育事业提上了日程。苏联的美育教学是建立在一种具有普遍性而和谐发展的社会主义人格的文明基础上的。在教育实践中，这种教育方式受到了空前的重视，其中起到主要影响的是马卡伦科和苏尔姆林斯基的美育教学思想。马卡伦科主张美育教学应贯穿到人的生活和教育的一切方面中去，认为美好生活就是和美育教学联系起来的那种生活。他还强调，美育教学应当以道德教育、智力教育、体育教育和工作劳动为基础进行发展，相互结合，相互提升，提倡德、智、体、美、劳的全面、和谐发展。美育教学课程除了设计多种艺术课程之外，还应当有一个良好的学习环境和一些丰富多彩的非正式的课外活动。

苏霍姆林斯基还强调各种教育的全面实施，其中包括智育、体育、德育、劳动教育和审美教育等。他认为人的个性是一种非常复杂的混合物，这种混合物由体力、精神力量、思想、情感、意志、性格、情绪共同组成。审美教育是教育中必不可少的内容。他认为儿童的道德信念是在感受美的基础上形成的，美与善不可分地联系在一起，善的根源在于建造、创作和确立生命和美，美是人的道德财富的源泉。他还说，美育教学的开展可以促进儿童形成高尚的道德，可以促进儿童思维能力的提高。他指出，儿童的思维是艺术的、形象的、饱含情感的思维，学校教育不应当把儿童与大自然、游戏、音乐、幻想、古代童话分开，而应当通过这些来促进儿童想象力的发展，培养他们的创造性思维。法国教育学家梅逊也认为艺术可赋予人创造性的想象和乐趣，

提高人的洞察力。

（三）强调美育教学的基本手段是感知美和领悟美

苏霍姆林斯基说，我们从学校教育的最初日子起就教孩子去理解周围世界，去感受大自然和社会关系中的美。感知美和领会美是审美教育的基础和关键，是审美素养的核心。舍此，情感对任何美的事物都会无动于衷。审美教育能够使人的情感趋于丰富、细腻、深沉、纯朴、明朗、美丽，而且有健康、丰富的情感是认识事物、创造新事物的基础和动力。

第四章　美的本质和特征

美的本质，是美育教学理论的基本问题。假如能够解决这一问题，便能将其作为解决其他美育教学问题的基础。不同的审美格局和不同程度的审美理解使美育教学研究产生许多分歧，由此引出了不同美育教学学派的形成。因此，关于美的本质和特征的教育不仅与美育教学理论的发展有关，还与美的创造有关。它对我们学习和研究美育教学问题有着重要意义。

第一节　美的起源与发展

世间万事万物都是美好的，火红炽热的太阳、恬静如水的月亮；波涛起伏的大海、重重叠叠的山峦；动听悦耳的旋律、刚劲有力的书法……这缤纷的世界有着太多色彩，美不胜收。正像罗丹所说：“美是到处都有的。”但是，如果人们要问：为什么这些姿态各异、性质不同的事物都可以说是美的呢？美又是如何产生和发展的呢？到底什么是美呢？几千年来，这些问题也确实让人们绞尽脑汁。

美的起源与发展是美育教学中的重要问题之一，它的解决有助于美的本质问题的解决。

从马克思主义的科学结论来看，所谓的劳动创造美丽，我们可以确定，美丽是人类出现后才诞生的,人类制造的第一把石刀是一种孕育着自然之美的胚胎。就像原始的石头工具、陶器、建筑、人类装饰和“艺术”一样，我们都能够从中窥探到创造美丽的过程。事物的美，在原始时代萌芽，在原始社会末期、奴隶社会初期分化独立，以后就随着时代的前进而发展，有了长足的进步。

一、美的起源

在人类历史最开始出现的时候，美就产生了，但是这个时候的美十分原始和初级，大概可以分为两个阶段：美的孕育和美的萌芽。由于早期人类的需要，简单而原始的工具、陶器和建筑得以产生，但这些因为其实际需要的限制，可发挥美的空间缩小了，因此这种美极其有限和原始；萌芽的美是由孕育的美转变而来的，体现在工具、陶器上是器件开始有了标准和定型，体现在建筑上是空间、景色选择得更加宜人。此时的人们已经不仅仅追求物品的实用性，还开始在使用之余讲究审美，对石器、陶器、建筑有了更自由的对美的追求，超脱了原始状态的美，对形式外观有了新的要求。随着量的增加，质必然发生变化。随着对外观和形状的追求，物品脱离了功能性，各种工具和陶器就会因为装饰而变成装饰品和工艺品，而建筑也会成为艺术，由此，真正的美的意义就得以产生。下面就让我们从三个方面看美在远古时代的萌芽产生。

首先，把所有的石器、陶器、建筑整合来看美的萌芽是如何产生的。是否会使用工具、制造工具以从事物质生产劳动是原始人类和动物之间的根本区别。尽管最初的石器非常笨拙，但它们是由反映了人类原始积极性和创造力的人制造的。自发明第一把石刀以来，人就开始成为与客体自然相对立的主体，不只从本质上跟动物区别开来，而且从审美上跟动物区别开来。有许多材料可以证明，美的产生可从石器工具的进化中寻出踪迹。

经过现有的资料加以论证，我们可以知道，我国最早出现的远古人类是170万年前的元谋人。从元谋人遗址出土的一些石器中我们不难看出，这个时间的器具十分粗糙且简单，甚至到了五六十万年前的北京人，石器仍旧非常粗糙。但是北京人在器具方面却在元谋人的基础上有所发展，呈现出了分化的趋势。比如，根据石料的不同，加工方法也不同；根据用途的不同，石器造型也不同……这说明他们开始把握了石头的某些特征，找出了形体造型的初步规律。

专家在考古时分别对各个旧石器时代中、晚期的遗址进行了归纳总结，许家窑遗址的石器以石球为主，丁村人遗址的石器则以石片为主，而山顶洞人的文化遗物中，最具代表性的是表面经过细致磨制加工的骨针。这种骨针与以往粗糙的工艺不同，反映了山顶洞人的智慧，其针尖锐利、针身光圆，只有经过复杂的加工活动才能制成，这标志着初级美的产生。磨制石器到了新石器时代开始出现，有了磨制的石刀、石斧、石纺轮等。通过对磨制石器的研究，专家发现石器最开始只是磨光边缘，后来才磨光工具的整个表面。不仅如此，在某些石器上，专家还发现了一些雕刻的装饰线条，这证明此时已经出现造型美。

后来，经过人们对美的追求，工具已经开始摆脱实用性，开始向着单一的装饰物发展。形式美、外观美已经成为独立的存在，不再依附于实用器具，比如玉器就是这样。

陶器的造型和纹饰，比石器工具更进了一步。从造型来看，制作石器仅仅改变了石块的外形，石块所体现的美不能超越石块本身的限度；制作陶器则是给无形式的黏土以形式，在实用的基础上允许人们更自由地去美化产品。比起石器来，它具有更为明显的审美特性。

自然界的物体是陶器最初模仿的形状。在千万次的塑形后，这样的形状慢慢发生了演变，人们不再以模仿为主要形式，而是通过美和实用性相结合，总结得出了一些不同形状的形态，以满足不同的需要。

拥有写实特点的是在大汶口遗址出土的陶猪。另外，还发现了颇具有实用功能和审美价值的三足器。出于稳固、坚定而产生的三足，拥有明快、刚健的造型。陶器从实用到美化的转变大概是从纹饰的出现开始的。新石器时代仰韶文化遗址中出土了用红、白、黑三色绘饰的彩陶，陶器的图画和纹饰绘于内外，可视性极强，盆器多绘在里面，其他器皿则绘在肩部和口唇部，使人一眼就可以看到。据专家观察后发现，纹饰中存在准备跳跃的蛙、飞翔的野鸟、奔驰的鹿、游动的鱼、穿着衣裳的人像等等一系列反映渔猎经济的形象。半坡出土的陶盆十分具有特色，上面彩绘着人面图案，圆圆的头上戴着尖顶饰物，有的人面眯着两眼，有的人面双目圆睁，耳朵的位置上画着线条化的鱼，嘴里衔着的也是鱼。由此可见，鱼在那时有着十分重要的象征意义和实用功利目的，具有美的因素。据调查分析，原因大概有两点，其一是人们主要以鱼作为主要的食物来源；其二是鱼在中国传统文化里有着多子多福、子孙繁茂的图腾含义。

陶器上不仅有图画，还有经历了从写实到写意再到抽象的鸟纹、鱼纹、花果纹、水波纹，直线、斜线、曲线、波折线、三角形、锯齿形等各种各样的纹饰。陶器的制作影响着纹饰的发展，使其朝着写实的方向发展。而写意阶段则是陶器纹饰从繁到简、从实到虚的阶段。最后，纹饰向着抽象化发展。半坡的几何纹饰是由鱼演变成的，庙底沟的几何纹饰是由鸟纹演变成的，垂幛纹和波浪形曲线纹是由蛙纹演变成的，其中一些陶器纹饰是氏族图腾的标志。伦理象征含义随着时间的推移一直没有改变和消失，反而历久弥新，得到了某种程度上的强化。其表现形式，无论是动物图腾形象还是纯形式的几何纹饰，都更加频繁地出现在陶器之上。抽象化的纹饰逐渐发展，人们的特定感情体验与其中蕴含的意味也在逐渐脱离，抽象的纹饰慢慢成为单纯的形式美或装饰美。

美育教学的演变除了陶器外，还有建筑。与陶器不同的是，建筑的物质实体更大，需要运用的材料种类更多，结构关系和力学关系更复杂，因此更能体现人的创造能力。为了与残酷无情的大自然进行“搏斗”，人类需要一个遮风避雨的场所来抵挡一切灾害，由此，建筑作为一种庇护所得以产生。不仅如此，除了生存生活，情感也需要建筑作为心灵的寄托。

人类最早以天然的山洞、树洞作为住所，到了旧石器时代晚期，才开始出现最早的人工建造住所——风篱。此时，人工住所的结构相当简单，只是营造一个属于人的空间。风篱的构造基本就是以泥土、石块、树枝建造了一道垂直的墙或半圆形的围墙，再覆盖一些干草之类的物料作为顶棚。在风篱的基础上，人们逐渐引导出来半穴居的史前茅屋，其中以仰韶文化早期房屋最为典型。居住面上升到地面，于是出现了墙。后来，圆形住所逐渐演变成了山墙结构。屋顶的重量不仅靠外墙支持，而且靠房柱支持，圆顶房屋转变成长方形屋。法国特拉·阿马塔发现的 12 万年前的 21 间棚屋，里面有鹅卵石砌成的炉灶，并有桩孔为界，属人的空间进而具有宜人的性质，成为宜人的房屋了。

建筑美的生成过程就是将属人的空间发展为宜人的空间，再发展到美化的空间。

接下来，我们可以从人体装饰看美的萌芽产生。考古发掘研究和考古实地考察显示，很多原始人的身体装饰都来自原始部落，包括人体饰物、文身、切痕、绘身、耳鼻唇饰等等。佩戴饰物是不固定的人体装饰，文身、切痕是较固定的人体装饰，绘身则介于两者之间。有趣的是，人体的装饰也反映出美育教学的生长过程。

人体装饰经历了这样三个阶段：直接联系于物质生产的阶段，间接相关于生产、生活的阶段，超越于实用功利和伦理象征的单纯审美阶段。

《淮南子》记载过去的人们在捕鱼生产时总会在身上绘一些鳞虫的纹样，因为他们认为，这样会让鳞虫将人视为同类，不仅不伤害他们，而且加以同情和保护。鄂伦春族的猎人在狩猎时会戴一顶形如狍头的狍头帽以融入环境中。这些都直接和物质生产联系在一起。在这个阶段，装饰的“美”还在孕育之中，尚未显露出来。

一些北美洲的原始部落总会在皮肤上刺上部落始祖动物的图像。巴西巴凯里部落的印第安人在孩子的皮肤上画出的黑点和圆圈，有些类似豹子的皮肤。他们认为豹子是始祖，这是出于伦理象征的祖先崇拜和图腾崇拜。澳大利亚土著人在居丧时，会在身体上用白色进行绘画，因为他们认为灵魂是不灭的，鬼无法认出换了肤色的自己，就不会对自己进行伤害。除此之外，有些人切肤是出于医疗目的，有些原始人文身是表示自己所属的氏族，还有些地区的战士在战斗时会用深蓝色涂抹在身上。这些与生产、生活相联系的“美”学萌芽类型不可计数。他们之所以这样装饰自己，是因为这时候已经有了种种复杂观念支配着他们的头脑，人体装饰中萌发着美的幼芽。这是向单纯审美的过渡。

普列汉诺夫在研究了大量的文身资料后得出的结论是，野蛮人在看见过有文身的皮肤时，才开始体验到审美的快感，这一结论很有见地。为了要把自己的身体改造得同他要改造的自然的东西一样，原始人在人体上直接表现自己，在表现上找到了快乐，这才是真正意义上的审美。从人体装饰的演化中，同样可以清楚地看出从实用到审美的发展过程。

最后，从原始艺术看美的萌芽产生。原始艺术指的是尚未从生产、生活、原始宗教中分化出来的史前艺术。原始艺术作为与物质媒介相联系的物质生活过程的必然升华物，作为一定的社会意识物化形态，同样经历了一个由作为物质生产活动的一部分，到摆脱直接的实用，以至演化成为独立艺术的过程。这一演化经历了极其漫长的历史。

原始艺术的初始阶段，直接联系于人类自己跟动物区别开来的第一个历史行动，即人类开始生产出自己所必需的生活资料的物质生产活动，它就是这一具体物质生产活动的组成部分。《吕氏春秋》《淮南子》记载："今夫举大木者，前呼邪许，后亦应之，此举重劝力之歌也。""邪许"作为具体劳动的呼喊声，是整个物质生产的一个组成部分，劳动动作的协调一致是靠举重劝力之歌的一呼一应进行调节的：一呼一应形成节奏，"邪许"的节奏来自劳动的节奏并服从于劳动的节奏。呼喊及其节奏从劳动中产生出来，进而发展为诗歌及其节奏。相传为黄帝时代的"弹歌"，可以作为代表："断竹，续竹，飞土，逐肉。"八字四顿，节奏感强，又有实在意义，已具诗歌雏形。

原始艺术初现端倪的阶段和劳动活动直接相联。在这个阶段的劳动过程中，人们或是歌唱，或是呼喊，或是舞蹈，这不仅是劳动的必要补充，还是劳动的反映，它记录着人类创造能力的形象。劳动成就了原始艺术，劳动赋予了原始艺术内容和节奏。作为萌芽状态的艺术，表现于其中的审美意识是朦胧的、潜在的，它的美是一种孕育的潜在美。

原始艺术逐渐发展到第二阶段，其特点是依附于一定实用目的，比如生产、生活、巫术活动等，并具备了一定程度上的形制。此时的原始艺术与过去不同，已经从物质生产中分离出来，成为一种精神产品。

《韩非子·外储说左上》有这样一段记载："宋王与齐仇也，筑武宫。讴癸倡，行者止观，筑者不倦。"其中所记载的癸之讴，是那样优美动听，致使行人驻足欣赏，筑者不知疲倦。从孕育音乐胚芽的"邪许"之声发展到这种音乐性的讴经历了一个过程，不过讴仍然没有摆脱实用的束缚，因此它是音乐发展中的过渡阶段。

原始舞蹈同样经历了一个依附于生产、生活、战争、巫术活动的阶段。《吕氏春秋》中记载的葛天氏之乐是三人集体舞：手执狩猎的胜利品牛尾，在有节奏的歌声中翩翩起舞。其中《玄鸟》《敬天常》与图腾崇拜、原始宗教有关，《随草木》与畜牧狩猎有关，《奋五谷》是反映农业生产的舞蹈，《总禽兽之极》是模仿各种飞禽走兽动作以便狩猎的舞蹈。除此之外，还有一种预演与再现中国古代战争的舞蹈，叫作“干舞”。在巫术礼仪基础上发展而来的舞蹈形式更是不一而足。

原始绘画雕塑现已发现的主要是旧石器时代晚期的欧洲洞穴壁画，还有一些小型雕塑。被绝大多数学者认定的最早雕刻是法国洛赛尔出土的《手持牛角的妇女》，又称《洛赛尔的维纳斯》。原始绘画中最为著名的是有着近二万年历史的西班牙阿尔塔米拉洞穴壁画，上面画着当时的各种动物，最典型的是一头受伤的野牛：它由于伤势沉重，四足趴在地上，再也站不起来了；可是它低着头，鼓起力气，想要挣扎着站起来向前冲去。牛的形态，牛的野性，特别是那闪射出咄咄逼人的野性光芒的眼睛十分传神。原始画家通过想象，现实中凶猛的野兽在观照中被制服了，绘成了巫术活动的一种形式。

原始艺术发展到这个阶段，尽管审美意识还混杂于社会意识之中，但是原始艺术已经向社会意识整体的物态化发展。原始艺术只能作为生产、生活、原始巫术活动的附属部分而服务于实用目的，不能直接占有对象，因为它是精神生产的产品。另一方面，原始艺术反映的是真实生活和人的本质。原始艺术对其内容和表现的统一或多或少存在着审美方面的因素。随着体力工作和脑力工作的逐渐分工，阶级开始出现，原始艺术摆脱了实用的束缚，审美成了根本性的因素，于是独立的艺术与真正意义的美就产生了。

以上从不同侧面、不同角度论述了美的产生过程，从中可以清楚地看到实用先于审美。

审美的出现之所以晚于实用，原因是美必须在物质生产之中才能获得，其无法独立自主地产生出来。从制造第一把石刀起，人类就开始从事物质生产劳动。以石器的制作而言，打制发展为磨制，不定型发展为定型，单一发展为多样，不规范发展为规范，粗糙发展为精细，一器多用发展为一器专用，这些都是出于物质生产的需要、实用的需要。为了具有实用价值，器物的形状规则、外在结构及表面都会更加合乎规范，变得匀称、锋利。在实用的基础和前提之上，才开始产生工具的美化，并由此开始逐渐发展，可以说，审美是在实用基础之上产生出的更高一级的需要、更为考究的需要。对直接功利的超脱实质上是人类对自由的一种扩展，所谓“食必常饱，然后求美，衣必常暖，然后求丽”“衣食足然后知礼乐”，说的就是这个道理。

从实用中分离出来的“美”，与之前有所不同，它的存在有了其独立的意义，并且因可以满足人们的精神需要、审美需要，成为被人们追逐的审美需要。

二、美的发展

原始劳动中产生了美，美是人类社会的产物，是随着社会的发展而不断丰富发展起来的。

在原始社会，劳动就是“平等合作，但生产率极低”的一项工作，此时的原始人活动有着极其有限的范围——与自然作斗争。原始的美只能是初级形态的美，如工具的美，陶器的美，原始建筑的美，狩猎对象的美，劳动活动的美，穿孔的兽齿、鱼骨、石珠这些装饰的美，等等。原始人的集体演出、游戏、巫术、礼仪，或者是劳动前必要的演习，或者是进行劳动和战争时必要的练习，或者是劳动后再一次体验劳动时使用力量所引起的快乐。他们尽情地唱歌跳舞，在洞穴里绘制壁画，进行雕塑。原始的创造性也就体现于劳动工具、劳动对象、劳动产品、劳动过程、巫术礼仪、艺术作品等具体感性的形式之中。

生产力的发展导致人工和知识劳动之间以及农业和工业之间的分工。分工的一个积极结果就是诞生了一个专门从事精神生产和艺术生产的特殊阶层。它为旧世界创造了文化财富，也创造了美丽。消极的结果是艺术创作、艺术生产与物质生产实践相脱离，局限于体力劳动的人民群众被剥夺了从事艺术、科学事务的可能。前资本主义时期，小农生产者和手工业者还未完全成为分工的奴隶，此时他们能发展自己的自由人格，对自己的职业和工作表现仍然感兴趣，所以这种工作仍然能创造美。

私有制下的异化劳动，异化了劳动产品、劳动活动、人的本质，导致了人与人之间、阶级与阶级之间的对抗。但被排除的工作同时也是人与自然之间物质上的改变，而这也是一种以满足人们物质和精神生活需求为目的的工作。异化劳动创造了美，却使劳动者成为畸形，这是异化劳动的二重性。这种二重性既对立又统一，既联结又矛盾。劳动的确能够产生异化形式上的美，但是美却对美的创造者怀有敌意。非劳动者拥有了美，却不能真正加以享用。经过时间的推移，异己的寒霜日益消失，美越发夺目，从而成为全人类共同的财富传留下去，供后人观赏。

除了物质生产实践，还有其他形式的社会实践，如人民群众的革命斗争，剥削阶级上升阶段的历史活动，英雄人物的英雄行为，群众领袖的光辉业绩，都体现出了人的自由，推动了社会的发展和历史的进步，它们的具体感性形式实质上是美的。

是否采取私有制建立新的公共关系，意味着解决人类和自然的对抗，也意味着解决人与人对抗性矛盾，人成为自然和社会的主人，劳动成为更高程度的自由劳动，创造出更高形态的美，成为一个更大的自由劳动，创造更高形式的美丽。每个人都将成为一个劳动者，也都能成为一个艺术家，成为美的创造者和欣赏者。人类完成了史前时期的自由探索，成为一个真正自由的人。

第二节　美的本质和特征

一、美的本质

几千年来，不少哲学家、美学家为了揭开美的奥秘，曾经从不同的角度进行过艰苦的探索，并提出了种种有关美的本质的学说。其中影响较大的主要有“美在形式”说、“美在理念”说、“美在典型”说、“美在关系”说、“美在生活”说等。

到底“什么是美”呢？早在两千年前，古希腊哲学家柏拉图就在他写的《大希庇阿斯篇》中提出了这个问题。这是一篇有趣的对话，对话人一位是深思善辩的苏格拉底，一位是善于诡辩的希庇阿斯。当时他们就围绕着“什么是美”的问题展开了一场大辩论。苏格拉底向希庇阿斯请教“什么是美”的问题，希庇阿斯不假思索地回答：“美就是一位漂亮的小姐。”他以为这是一个非常简单的问题，一下子就解决了。谁知道苏格拉底又接二连三地向他提出：被神称赞过的一匹母马美不美？一个竖琴美不美？一个打磨得很光、做的样子十分灵巧而且还绘上了花纹的汤罐美不美？希庇阿斯只好一一承认都是美的。好，一位漂亮的小姐、一匹母马、一张竖琴和一个汤罐都是美的，那么到底什么是美呢？希庇阿斯无言以对了。苏格拉底说，我问的是什么是美，而不是什么是美的。显然小姐的美不在于她是小姐，而在于她的美；母马、竖琴、汤罐也是如此，并非所有的小姐、汤罐等都是美的，只有具备了美的性质才是美的。美和美的东西是两码事，不能混为一谈。美的事物千姿百态，层出不穷，而美只有一个，美不是具有美的属性的具体事物，而是超出美的事物之上的一种性质。接着，苏格拉底又提出了好些关于美的定义：美是有用的、美是有益的、美是视觉和听觉所生的快感……并逐一进行了讨论。但是讨论来讨论去，关于“什么是美”的问题，还是找不到一个理想的答案，最后连博学多才的苏格拉底也只有感叹：“美是难的！”

法国唯物主义哲学家狄德罗也指出过研究美的本质的困难，他说，我和一切对美有过著作的作家一样，首先注意到人们谈论得最多的东西，每每注定是人们知道得很少的东西，而美的性质就是其中之一……几乎所有的人都同意有美，并且只要哪儿有美，就会有许多人强烈感觉到它，而知道什么是美的人竟如此之少。

黑格尔也曾说，乍看起来美好像是一个很简单的观念，但是不久我们就会发现：美可以有许多方面，这个人抓住的是这一方面，那个人抓住的是那一方面。纵然都是从一个观点去看，究竟哪一方面是本质的，也还是一个引起争论的问题。

有的美学家甚至认为美是一种不可言说的东西。歌德说，我对美学家们不免要笑，笑他们自讨苦吃，想通过一些抽象名词，把我们叫作美的那种不可言说的东西化成一种概念。

美是什么？前人尽管做出了多种多样的回答，也不乏真知灼见，但却很难说是科学的。要洞察美的本质，就必须从客观实际出发，紧密联系人类丰富的审美实践活动。我们只有从社会历史发展中，从人类的社会实践中去探求美的奥秘，才能找到什么是美的钥匙。

（一）美离不开人类社会，审美活动是一种社会现象

审美活动是一种自然现象还是社会现象？这个问题非常复杂。有些人认为，明媚的阳光、晴朗的月光、清脆的鸟鸣、芬芳的花朵、巍峨的泰山、奇绝的黄山、奔腾不息的黄河、一泻千里的长江，都是先于人类而存在的，它们本身就存在着美。那么，美为什么是一种社会现象呢？因此，有些美育教学研究人员认为，美跟人类是没有必要关系的。伟大的生物学家达尔文在他的《物种起源》《人类的由来及性选择》等著作中，不仅认为美是可以先于人类社会而存在的，而且还论证了美的意识非人类所独有。达尔文通过对许多飞禽走兽的观察，得出了禽兽以至昆虫都有审美活动的结论：有的展示羽毛，有的呈现异彩，有的发出鸣叫，等等。乍看起来，达尔文的观点似乎很有道理，可是如果仔细加以推敲，便会发现它并不那么准确与科学。

美必须以事物的自然属性作为物质基础，但美之所以为美，关键还在于这些自然属性同人类社会生活的联系，因此我们说，美是一种社会现象，是社会历史发展的产物，它必然受到人类社会生活的制约，只有随着社会历史的不断发展，美也才能不断丰富和发展起来。

简而言之，美必须依靠于人类社会而存在。在人类出现以前，宇宙中没有美丽、丑陋、真理、谎言，没有善，没有恶。虽然太阳、月亮、星星、花、植物、昆虫和鱼已经在这个时代存在，但它们不断进化，并遵循自己的规律进行改变。它们是纯天然的存在，没有任何美具备社会意义，只是一些纯粹的存在物。美不可能脱离人和人类社会，否则，它就会失去自己赖以存在的社会基础。所以，美是客观的、是社会的。当然，美必须以事物的自然属性作为物质基础，但美之所以为美，关键还在于这些自然属性同人类社会生活的联系。我们常说，美是一种社会现象，是社会和历史发展的产物，它必须局限于人类的社会生活，只有靠社会和历史的不断发展才能使美得到生存和发展。

（二）美是人类社会实践的结果，美的根源在社会实践

如果要探索美的本质，就必须先了解美的起源。马克思主义诞生后，对美的起源做出了一个真正的科学解释。马克思主义对社会现象的基本观点，是社会存在决定社会意识。美是一种客观存在，既非主观性，也非“理念”或精神，更不是事物的自然属性，人类的社会实践才是美的根源。

社会实践创造了审美客体——丰富多彩的世界，也创造了审美主体——具有审美要求和审美能力的人类。

在人类的早期，地球上没有什么是美丽或丑陋的东西。狂风暴雨、雷电交加、江河横流、山洪暴发、火山喷射、地震海啸都是他们不可战胜的灾害。对于先辈来说，大自然是一种具有无限威慑力的、恐怖的对象，也是可怕的威慑。他们只能将其作为神明来崇拜、敬畏，根本谈不上欣赏它。

在长期的社会行为中，人们坚持不懈地与自然进行顽强的斗争，逐渐增强他们征服自然的能力。人们改变了自身与自然的关系，并利用自然环境为自己的生存创造适当的环境。向自然界索取生活的资料：江河捕鱼行舟，山火取暖煮食，土地耕耘收获，林木搭桥造屋……尽管大自然对人类还有很多可怕的威胁，但这些已经成为生活中不可或缺的一部分。凭着对自然法则和规律的不断认识，人类按自己的理想、目的改造自然、征服自然，成为大自然的主宰。曾与人类完全对立的自然界，不再是与人类对立的异己力量，反而成为确证人的本质力量的对象。它的威力越大，就越能显示出它的征服者——人的力量。自然对人的这种关系的改变，就是马克思说的“自然人化”了。“自然人化”为人类的审美活动创造了必需的客观条件。

人类跟自然搏斗的过程中，生产性工作被转化为劳动成果，不断地创造着美，产生着美，劳动过程和劳动运动也成了人们的审美对象。人类工作的成果反映了人们理想的智慧，体现了人民的意志和创造力。因此，它能够唤起人们对自己创造能力的惊奇、骄傲和快乐，成为人们精神享受的对象。

随着人类社会实践的不断发展，人们创造美、欣赏美的层次也在不断提高。生产工具的制造和演变，使人类能够逐渐生产专供观赏的艺术品；协调劳动节奏、交流劳动情感的需要，产生了诗歌的雏形；大规模的狩猎活动以

及与此相联的巫术礼仪活动，孕育了原始歌舞和绘画的诞生……

人类不仅能与自然相争，还能在社会斗争、科学研究、艺术活动等一切实践领域创造美。美同人的创造性工作、社会生活实践息息相关。人类社会的实践充分体现了人类本质的力量。无论是生产性的工作还是阶级斗争、科学实验、艺术创造等等，假如这些行为都能以具体并生动的方式展现人类本质的力量，那么它也是美的。举个例子，百万雄师过大江解放南京的壮举是美的；宇宙飞船飞越太空的奇迹是美的；艺术家创作的不朽艺术珍品是美的，等等。当然，这一社会实践完全反映了世界上人类变革的过程，这也是一个漫长的历史进程。我们不应该在处理人类社交行为时过于机械，否则我们会迷失于难于理解的美的现象。就拿人体美来说，人体美是天生的，与社会实践毫无关系，但人体美不也是人类在长期的社会实践过程中得来的吗？是劳动创造了人，长期的工作让人的手变得灵活，而且还在不断地发生改变。人们在社会实践中，情绪、动作、思想、语言和其他生理和心理方面都发生着变化。人类的心理和社会意识很复杂，不像动物那般简单，人类的复杂心理和社会意识完全与动物相分离。马克思说“人本身的自然”也“人化”了，由自然的人成了社会的人。除了物质生活之外，人还需要精神生活，并且有能力得到精神上的满足。所有这些又都为人类的自然美育教学活动创造了主观条件。

总之，美是人类社会实践的产物、历史的成果。

（三）美是人本质力量的感性显现

马克思主义认为，美是人本质力量在对象世界的感性显现。要弄清楚这个问题，首先要明白什么是人的本质。

马克思在《1844 年经济学哲学手稿》中明确指出：“自由自觉的活动恰恰就是人类的特征。”这种自由自觉的活动，是人类跟动物相区别的根本特征，是人之所以为人的基本标志。

所谓自觉，是指人的生产劳动是有意识、有目的、有预想的。也就是说，人在活动之前就存在着一定的思考和安排。而动物则不同，动物的活动只是适应其肉体生存的需要，是由其本能所驱使的，是无意识、无目的的，更没有为达到预定目的而进行努力的意志。

人的活动不仅是有意识和有目的的，而且还是自由的。所谓自由，是指人能在认识掌握客观世界的规律基础上，使劳动对象按照自己的目的、意图发生预定的变化，变“自在之物”为“为我之物”，也就是人的合目的性与合规律性相统一的能动创造性。这一点动物是做不到的，动物只能受必然的支配，为必然所统治、所束缚。只有人才能驾驭自然，按照必然规律来支配自然，从事改造自然的创造性活动，从必然王国走向自由王国。

综上所述，人的这种自由自觉的活动是人类的特性，即人的本质，也是人跟动物的根本区别。

人从事自由自觉的创造活动，不可能孤立地进行，必然和社会发生关系，离开社会关系，人的自由自觉的活动便无法进行，人的本质也就不存在了。何谓社会关系？社会关系是指人与人的关系，人和人的内在联系，如经济关系、政治关系、伦理关系、文化关系、固定关系、邻居关系、朋友关系等等。社会关系的“总和”，就是指这种种关系的全体。人的本质就要受到这种复杂的社会关系的制约，打上种种社会关系的烙印。人的本质必须从社会关系的总体上去把握。

二、美的特征

世界上任何事物和现象都有其独自的特征。美，这一客观存在的社会现象也不例外。美的特征主要有以下几个方面。

（一）形象性

各种事物的美总是被以形象具体的形式呈现出来，直接作为内容和形式的有机统一，使欣赏者的感官所接收和感受。无论是自然美、社会美，还是艺术美，其内容和形式也有着同一种有机的、感性的具体形态。它们的内容都要通过特定的物质形式表现出来，比如色、声、形等物质材料的形式等。每一个抽象的概念、道理，以及许多科学的定义、公式，它们都能被称作十分准确，甚至可以誉为放之四海而皆准的真理，但这些都不是审美的对象。

比如，如果我们说鲜花漂亮，但我们应该考虑，这是特定的、具体的花朵，而不是抽象的花。不仅如此，它的美也必须通过具体的花瓣、花蕊、花茎以及花的各种颜色表现出来。如果没有了这些由物质材料所构成的感性形式，更不用谈什么美与不美了。平时，我们总是用“栩栩如生”这几个字来赞誉优秀的文艺作品所塑造的形象，因为它具体、生动、独特。如果一部作品所描绘的艺术不是独一无二的，而是一些政治或者道德观点的图解，那么不管它所表达的思想观念是多么正确、深刻，都不可能是美的。

事物的美始终存在于感性形式之中，没有任何一种美能够脱离特定的感性形式，否则美就无所依靠了。所以，人们在探讨美的本质时，总是容易脱离具体的社会历史条件和对象，把注意力集中在某种纯粹的物质形式上，以为美就是事物的自然形式或形式规律。古希腊的毕达哥拉斯学院是从事物的形式中去寻找美的最早代表。他们相信美是对称、和谐的，不同部分之间是存在着一定比例的，这些都可以通过严格的“数”表示。在这种观点的影响下，有人认为圆形和球形是最美的形体；有人认为，曲线是最美的线条；有人还把几何学运用于美育教学，提出了所谓的“黄金分割律”，把宽与长之比为 1∶0.618 的长方形说成是最美的形式，等等，这种观点把美仅仅归结为单纯的物质形式，看成一种可以离开社会而存在的自然现象，显然不够科学。

我们可以肯定的是，作为人本质力量感性显现的美，总是不能离开一定的物质形式，但是如果我们忽略了内容，把美看成是颜色、线条和声音的组合，那么我们仍然不能理解美的特性。例如，红色本来是一种天然、纯粹的物质材料，但人类的生活范围内，其意味是模糊，只有把红色在花朵、红旗或者绘画中描绘出来，与人类创造性的生活发生一定的联系时，它才可能具有比较明确的审美价值。为了衡量线条和声音的美，必须结合特定的具体内容和特定的历史条件。以曲线与直线来说，抽象地断定曲线比直线美，并没有多大的说服力。上海豫园的九曲桥，作为供人漫步徜徉的场所，曲曲弯弯非常别致，很有一番风味。然而，“一桥飞架南北，天堑变通途”的武汉长江大桥和南京长江大桥，却以它的挺拔、笔直显示出令人敬佩的壮美。可见，同样是桥，究竟是曲线美还是直线美，也不能作机械划一的规定，只有结合桥在实际生活中的地位和作用，才能恰当地加以评判。

美是从形象上认识事物的，无论是社会的美、自然的美，还是艺术的美，都是以其鲜明生动的形象诉诸人的感官，从而影响人的思想、情感，同时也为人带来了美的享受。

美是一种有形、可感的形象，是依靠情绪而不是理性来判断的。换句话说，我们欣赏任何一种美的事物，不是明白某种道理，而是刺激了某种情感，从而得到某种精神上的愉悦和满足。无论我们喜欢听美妙的艺术表演，读感人肺腑的小说，还是聆听动人的音乐，我们都会沉浸在情感的海洋中，去放松、去开心、去兴奋。

（二）感染性

美不只是具体的、形象的，而且还具有很强的感染力。美的感染性是美本身固有的特点，它既不是单纯表现在内容上，也不是单纯表现在形式上，而是从内容与形式的统一中体现出来的。美的东西之所以能够引起人们爱慕、喜悦的心情，美的形象之所以能在人们的脑海里长期萦回，久久不会消失，主要原因当然在于它的内容，在于它显示了人的本质力量，显示了人凭着自己的本质力量所创造的生活。美的事物犹如一面镜子，使人们可以从中看到自己的形象，看到自己丰富多彩的生活。人是世界的主人，是万物的灵长，人总是以主人公的身份来看待和欣赏周围的一切的，作为唯一具有自我意识的族类，在整个世界的各种事物和现象中，对人最有吸引力的还是人自己。凡是人所从事的创造性活动，凡是人按照美的规律所创造的产品，凡是能显示人的情趣、人的生活的各种事物和现象，总是最为人所欣赏和爱恋。一个真正爱美并懂得什么是美的人，也必定是一个热爱生活、热衷于创造生活的人。一个人如果对周围的人漠然视之，对生气勃勃的生活毫无兴趣，他也一定不会去追求美。所以，以感性形式显现出来的人的本质力量，是形成美的感染性的核心方面。比如，迎风招展的五星红旗是很美的，凡是热爱祖国的人，都无比地热爱五星红旗，每当看到它，就自然而然地会产生一种勃勃向上的情绪和作为一个中国人的自豪。因为我们的五星红旗是成千上万的先烈用鲜血和生命换来的，它象征着自由、解放，标志着我们国家的尊严和民族的团结。如果没有这些内容，我们的五星红旗就不会有那么强烈的感染力。

美的内容是通过具体的感性形式表现出来的，离开了具体的形式，美的内容也就失去了从感情上打动人、感染人的力量。因此，美的感染性既来自通过感性形式显示出来的人的本质力量，又来自显示人本质力量的具体的感性形式。五星红旗因为是我们中华人民共和国的国旗，所以具有强烈的感人力量，但是，我们也不能忽视它的形式因素。五星红旗除了作为国家的象征而具有一种特定的美以外，它在形式上还具有一种色彩美、图案美，这种形式美也是具有感染性的。美是一个整体，它的内容和形式是相互依存、相互统一的，美的感染性就存在于这种统一之中。

（三）社会性

美不是主观的，而是客观的，是不以欣赏者的主观意志为转移的；美不是自然的，而是社会的，是由人们的社会实践所规定与制约的。美的客观性同美的社会性正是这样辩证地统一在一起。那么怎样具体认识美的社会性这一重要特点呢？

首先，美的社会性是人类社会生活的产物。美来源于人类的社会实践，是一种社会现象。只有随着人类实践活动的发展，以及人的本质力量的丰富性在对象世界中的不断展开，美才能不断地丰富发展起来。尽管美可以是独立存在的，可以离开某个或某些具体的欣赏者的感受，但其永远不可能脱离社会实践的主体——人，不能离开人类社会。

其次，美的社会性还表现在它的社会功利性上。人类之所以需要美、追求美，就因为它对自身有用。当然，美的效用并不只是表现在经济实用上，更重要的还表现在精神上。一件衣服，虽然首先要考虑它的使用价值，但人们之所以讲究色彩、式样，其重要的原因就是要使人在精神上得到愉悦和满足。尤其是各种各样的艺术作品，更要考虑到人们的精神需要，徐悲鸿画的马、齐白石画的白菜都是给人观赏的，并不是说马可以拿来骑，白菜可以拿来吃。但是，这绝不意味着美与经济实用可以完全脱离，它们之间的关系还是很密切的。从历史上看，人们首先注重的是物的使用价值。即使被后人命名为“艺术”的产品，它的出现首先也是为了适应原始人生产劳动的需要。随着社会的发展，当美已经从实用中分化出来，成了一种独立的社会形态后，它同实用仍然保持着一定的联系。比如，城市的布局和建筑自然应该美观，但如果影响交通、妨碍市民生活，那也就不美了。

总之，美的社会效用主要在于陶冶人的精神。

（四）新颖性

如前所述，美来源于人类自由自觉的实践活动，是人的本质力量的感性显现。由于人类自由自觉的活动总带有一定的创造性，人的本质力量又是积极的、向上的，因此美必然同人类的社会进步性相联系，是流动的、充满着生气和新颖性的。不懂得美的新颖性特点，就不能确切地把握具体事物的美。

美的新颖性特征在社会美和艺术美中的表现十分明显。人类的社会生活在不断发展，其中还有着新与旧、正义与错误、革命与反动之间的无限斗争。它有一个除旧革新、推陈出新的辩证过程。那些先进的和革命性的事物之所以充满活力、创造力，原因是因为其适应了社会发展和人们前进的需要。艺术的美感价值可以通过创造内容或形式的创新来体现。在内容上应该对一件真正美的艺术品有一个艺术家的独特理解，向我们展示他丰富而现实的社会生活体验，并传达出时代的声音和人民的感情。因此，内容的进步是一种艺术美的重要象征。艺术作品只有通过认真的锤炼才能让人们欣赏美，比前人有所突破，而不能套用别人的手法与技巧。同样，自然美的新颖性也是不可忽视的、客观存在的。

（五）美的相对性与绝对性

美既有相对性，又有绝对性，是绝对性与相对性的统一。

1. 美的相对性

美具有随着特定时间、空间条件变化而变化的性质，美育教学上称之为相对性。美产生于人类的社会实践，而人类的实践活动是社会的、历史的、具体的，所以在不同的社会和时代，美呈现出种种不同的状况，此时此地的对象，彼时彼地就不一定美了，美是相对的。

在原始社会，美比较直接地同生产实践保持着联系。人们以有用为美，以力量、勇敢为美，以富有为美。例如，20 世纪，非洲一些原始部落的妇女还很喜欢在手上、脚上戴上一种铁环子装饰自己，富人的妻子脚上戴的铁环可重达 16 千克，连走路都步履蹒跚，可她们却觉得很美。因为他们这些部落还处于“铁世纪”，铁对于他们来说是最贵重的金属，是社会财富的象征。谁的铁环越沉重，谁就越尊贵，因而也就越美。而处在科学技术高度发达社会中的人们则不会以此为美。

不论奴隶社会奇诡神秘的美、朴素古拙的美，封建社会奢侈豪华的美、纤弱细巧的美，还是现代所崇尚的美……所有这些形形色色的美，都是随着它的时代、民族和阶级而产生和发展的，都充分显示出美的相对性。

美具有相对性的特点，但美的相对性又是同绝对性相联系而存在的。

2. 美的绝对性

作为人本质力量的感性显现，美好的事物，不论其突出的相对性程度如何，总是能客观而清晰地包含美的内容，并且体现美的定律，这是无论任何人都不能随意抹杀、否定的。在人类的美育教学活动中，面对着同一个审美对象，有些人觉得它很美，有些人不觉得它美，有些人甚至认为它很丑，这种情况时有发生，并且毫不奇怪。因为，人们的审美观念、审美能力等本来就有极大的差异。但是人类审美感受的巨大差别，绝不能作为否定美的绝对性的理由。事物的美，可贵之处在于它们反映了人类求真、向善的本质力量，而不决定于具体的个人究竟能不能感受到它。

美的内涵和标准具有质的规定性、普遍性和永恒性，这就是美的绝对性。美的绝对性的含义还包括：美的对象一旦创造出来，总是历史的、具体的客观存在。

3. 美的相对性与绝对性的关系

一件款式新颖、格调高雅的时装，此时可能是美的，彼时也可能是不美的，从这一点说，它呈现出美的相对性。但服装具有某些美的品格和条件，从这一点说，它具有美的绝对性。美一旦创造出来，它是具体存在着的，从它存在的客观性讲，可以说是美的绝对性；但从它的历史性、环境性讲，又可以说是美的相对性。一般说，事物发展整个过程中的各个阶段所呈现出来的美是相对的；由事物发展过程中所呈现出来的各种相对美的总和，构成了事物的绝对美。美的绝对性寓于相对性之中，美的相对性同绝对性相联系而存在，二者是辩证统一的关系。如果离开了美的相对性，美就不能发展变化而成为凝固不变的东西；如果离开了美的绝对性，又会失去美的客观规定性，变成捉摸不定的、虚构的东西。可见，二者是相互渗透，密不可分的。

第三节　美的内容与形式

美是具体的，美的事物以其具体的形象吸引着人们的注意；美的事物千姿百态，形象迥异，千变万化的美包含着多种多样的社会内容，具有不同的魅力。由于美有具体物质形式的客观形象，它才是可以用感官直接感知的；由于美蕴含着丰厚的社会内容，它才是动人和耐人寻味的。美，总是内容和形式的独特统一体。

从内容上说，美是显现在感性形式中的人的本质力量；从形式上说，美是显现人的本质力量的感性形式。

一、美的内容与形式

现实生活中的事物都是具有一定形式的。正因为事物的具体存在形式直接作用于人的感官，人们才有可能感知它、认识它。通过事物的形式，研究事物的内容，研究事物的特殊矛盾及其变化规律，是一切科学认识的共同任务，是各种科学赖以建立的基础。这对于科学的美育教学也是同样适用的。

在西方美育教学史上，从毕达哥拉斯学派提出“美在形式说”开始，单从事物外形的自然属性及其组合规律方面来寻求美的规律的美学家、思想家几乎各个时代都有。这一源远流长的美育教学思想，其错误在于孤立地从美的形式方面看问题，割断了美的形式与美的内容间不可分割的联系，因而无法解释表现着同一形式规律的事物为什么有的是美的，有的却是丑的。其实，同任何事物一样，美必须具有相应的形式，并且其形式还应当鲜明、宜人。但是，美绝不仅限于形式，它既有内容，又有形式，是内容与形式的对立统一。从根本上说，美的形式离不开内容，是由美的内容决定的。即便是某些较为抽象的形式美，也隐含着某种人们不易觉察的社会内容。

依照马克思关于人在社会实践中产生和发展的历史唯物主义观点，我们认为：美的内容是在具体形象中显现出来的人的本质力量；美的形式就是显现人的本质力量的感性形式。美的内容和美的形式是辩证统一的，美的事物所包含的人的本质力量和它的感性形式是不可分离的。美的形式是具体的，美的内容也是具体的。

人的本质力量是人类不断创造新生活、推动历史前进的力量，是求真向善、不断开拓人意识领域的创造力量，是在改造客观世界的同时也改造自己的主观世界的力量。它体现在人的生活的各个领域之中。因此，美的内容是人在社会实践活动中表现的一致性和规律性的创造力量，而美的形式是自由的创造力所体现的某种感觉。

由人类实践所创造的对象，已经现实地打上了人的创造力量的印记，它的外形的改变直接显示着人的本质力量，它的形式中包含着的美的内容是显而易见的。那些尚未经过人类实践直接加工的对象，如极光、太阳、星星等，虽然它们的光辉形式并非人的直接创造，但从人和自然的总体关系进行历史性的考察，就不难发现这些未经人类实践加工的对象，随着人类实践活动的深入展开，也进入了人的生活领域，并以其千变万化的色彩、状貌，适应了人类物质生活与精神生活的需要，从而间接地显现着人的本质力量。

事物的外在形式为什么能够具有独立的审美价值呢？因为，这种形式本身既是事物自身正常发展规律的体现，又与人类维护自己的生存需要相符合，因此，人类不但在实践中不断发现了它，肯定了它，而且还在实践中有意识地运用它。因而，单就形式本身而言，它也总是直接或间接地体现着人的创造力量。一般说来，凡能够按照美的规律进行创造的产品，都会具有一定的审美价值。如果在创造中，在注意充分发挥产品的使用功能的基础上，对其外部造型做进一步加工，就可能使产品具有令人赏心悦目的美的价值，这类产品的外在形式，便成为人的审美理想、创造力量的感性显现，因而必然显得很美。从历史上看，新石器时代人们开始有意识地注重石器的外形加工，将石面磨光、造型几何化，甚至刻上了装饰线条，从而成为人们自觉创造的最早的美的产品。它标志着人类审美意识的真正觉醒，是人类美的创造的真正开端。由此可见，真正美的产品，正是经过了从功用到外形的双重创造的产物。而在外形创造方面所显示的人的创造力量，便是我们称之为美的形式的客观内容。

真正具有美的形象的事物，它的外部形态必然光芒四射，才能够使人去欣赏、去追求其所显示的内在精神的美。当然，客观事物外在形式的美，也是和物质材料本身的质地有关的。客观事物的美的感染力，是通过光、色、形、声等物质属性作用于我们的感官的。

二、形式美的产生与发展

形式美具有一般的、朦胧的审美意味。相对独立的形式之所以可能是美的，固然和物的形式因素本身有关，但是，绝对不能离开人的社会实践以及人对于形式的审美感受，其中形式感的作用更应当特别加以重视和研究。客观事物的自然形式与一定的社会生活相联系，在实践过程中反映到人的头脑中来，经过多次反复与头脑的深刻概括，逐渐地把握其普遍的必然联系，并在主体的心理生理活动中肯定下来，于是便形成了各种带有独立性的形式感。所谓“圆者规体，其势也自转；方者矩形，其势也自安”，就是人们在漫长的实践活动中形成的对于“圆”与“方”的形式感。这种独立的形式感即经形成之后，则可以迅速地或较快地传递给下一代。在代代承传的基础上，某些形式美与形式感的对应关系越来越牢固，甚至后人只知道结果而忽视、忘记了前提。这就是表现于审美文化心理方面的民族传统的由来。同一种色彩在不同的民族中会具有不同的象征意义，就是这样形成的。

我国考古学对古代陶器纹饰的研究说明，这些图案大多数来源于生活中的各种生物的模拟，包括鱼、鸟、蛙等。它们由写实而逐渐抽象化的演变，其中凝聚着新石器时代社会生活的丰厚内容。像我国象形文字一样，我国的图案语汇是朴素、单纯、富有生趣的。例如，新石器时代彩陶纺轮上的太极图及其变形，用一根相反相成的S形线，把整个画面分成阴阳交互的两极，这两极围绕一个中心回旋不息，形成一虚一实、有无相生、左右相倾、前后上下相随的一种核心运动。这样对立而又和谐的美，正是五千多年前为中国劳动人民所认识而表现出来的朴素的宇宙观。它深刻地体现了阴阳相生、对立统一的规律，给后来的图案创作开辟了广阔的天地。

普列汉诺夫曾经援引过大量材料来说明原始人审美意识的产生和发展时，谈到丁卡部落的人有在腿上和臂上佩戴皮环和骨环的习俗。“最初，这些圆环可能是为了保护赤裸裸的四肢不受多刺植物侵害这一实际目的才被使用的”，后来在有金属加工以后，皮环、骨环逐渐被换成较为精致的金属环，因为“金属环是富有的标志”。这时，圆环的美就完全由实用的满足发展为观念的满足了。再后来，妇女作为装饰的金属项链、耳环、手镯等圆环，逐渐地从实用的物品变成一些以其外貌引起审美快感的物品。由此可见，独立的形式美的出现，经历了一个使美的形式不断摆脱具体内容的发展过程。这个过程是在长期的社会实践中完成的。

正因为这种形式美是抽象的，所以它只能具有一般的、朦胧的审美意味。只有当它在具体环境中的具体事物上得到表现的时候，它的审美涵义才是具体的和确定的。红旗招展的红色可以形成壮观的美，血手印的红色却给人以恐怖感，等等。虽然如此，研究抽象的形式美的审美特性及其规律仍是必要的和有意义的。它不仅有助于我们从形式感方面把握对象，而且有助于我们在创造美的活动中，发挥形式的组织作用，使美的内容得到突出和强调，从而将人们的注意力吸引到美的事物上来，接受它的熏染和陶冶。

长期以来，人们在物质生产和艺术生产领域内，都积累了运用有关形式美规律的丰富经验。这些经验作为知识积累、劳动技术和艺术技巧，成为代代相传的宝贵财富。后人要掌握和自由地运用这些规律，需要经过一定的学习过程，甚至要付出艰苦的劳动。只有在接受前人经验的基础上，才有可能推陈出新，即在新的生活面前，为表现新时代美的内容，对已有的形式进行新的突破、发展和创造。从整个历史上看，跟美的内容比较起来，形式美的规律有更大的稳定性和继承性，但这并不意味着在形式方面我们只能墨守成规、一律照旧。当旧的形式规范和技巧不能完全适应表现新内容的要求时，就必须对旧的东西有所批判、有所选择、有所改造、有所发展。

为了繁荣我们的社会主义文化，人们对艺术形式的探索表现出很高的热情。要求突破旧的“老一套”的形式，追求革新和创造，已经成为一种新的潮流。探索形式并不等于形式主义，我们要划清追求形式美和形式主义的界限。

第五章　美的形态

世界上万事万物的存在都不是虚无缥缈的，美的事物同样具体。对各种形式的美进行分类，有助于我们更好地了解美的本质。美育教学史上许多美学家对美提出了种种不同的分类原则，哈奇生把美分为“绝对美”和“相对美”；狄德罗把美分为“实在的美”和“相对的美”；康德把美分为“自由美”和“附庸美”；黑格尔分为“自然美”（实指现实美）和“艺术美”。我们认为美的分类，一方面可以按照美的事物的存在领域，把美分为自然美、社会美、艺术美；另一方面，又可根据美的事物作用于审美主体的不同美感效果，把美分为优美、崇高、滑稽三种基本的美感形态。

第一节　美的存在形态

按照美的存在领域，美的事物首先可分为现实美和艺术美，现实美又可分为自然美和社会美。本节我们将对自然美、社会美、艺术美的本质、特征、类型等问题分别加以论述。

一、自然美

自然美，是指客观自然界中自然物的美。自然界的奇峰异石、鲜花绿草、流水浮云、霞光彩虹、金银珠宝、鸟兽虫鱼、日月山川等都属于自然美。可以说，自然界中一切能引起人类美感的事物都具有自然美。

（一）自然美的本质

自然美是人人都能感受得到的，而关于自然美的本质，美育教学界一直有着不同的看法，概括起来，主要有三大类。

第一种观点认为，自然美就在客观事物本身，是事物自然固有的天然属性。山水泉石、云霞彩虹、果实花枝、鸟兽虫鱼等，它们的美皆在于其自身的特性，黄金、宝石如果没有灿烂的光芒，也就无美可言。这一理论强调了自然美的客观属性，我们叫它“客观说”。

第二种观点认为，自然界本身并不存在美，也无所谓美丑，人们觉得自然事物美，是审美主体的情感、意识作用于自然对象的结果。“自然美”三个字，从美育教学观点看，是自相矛盾的，是“美”就不“自然”，只是“自然”就还没有成为“美”。……如果你觉得自然美，自然就已被艺术化，成为你的作品，不复是自然了。自然美“只存在于鉴赏者的心里”。在他们看来，大自然给予蛤蟆、苍蝇和鱼、黄莺的同样多，但人们看见前两种就厌恶，看见后二者就欢欣，原因就是人们觉得鱼、黄莺美。这种观点强调了自然美的主观属性，我们叫它“主观说”。

第三种观点认为，自然美既不在客观，也不在主观，而是主客观的一种结合，是客观性与社会性的统一。自然美本身并不是美，美的自然是社会化的结果，也就是人的本质力量对象化的结果。自然的社会性是自然美的根源，也就是说，自然美是自然的人化。

要全面、正确地探讨自然美的本质，不能只是孤立地、静止地看待自然美的事物，而必须运用马克思主义的历史的、实践的观点来考察，必须首先搞清楚自然美为什么是美的？自然物从什么时候、在什么条件下才成为美的。

回顾一下人类审美观念（自然包括自然美观念）的发展历史，将有助于我们正确认识自然美的本质。泰山的岩石有25亿年历史，地球的历史也已有50多亿年，而人类的历史只不过几百万年。相比地球上的许多自然事物，人类的历史显得多么短暂。在人类出现之前，高山、大河、高原、沙漠、旷野……早已沉睡了亿万年，但那时，它们谈不上美丑。即使是早期的人类，人们在自然面前完全是依赖和敬畏，“就像牲畜一样服从它的权力”。在这方面，自然就不可能是美的。在不断的工作实践中，人类逐渐提高了理解和管理自然的能力，而自然正逐渐成为人们变革和观赏的对象。人与自然之间的关系逐渐改变，大自然已成为人们愉悦的场所。从本性上讲，人们可以感受到自己实践的成果，感受到自己的本质力量，感受到美。这是在人类不断实践的过程中，在“自然的人化”过程中，才出现了高山低头、河水让路、沧海变良田、沙漠变绿洲……大自然的美从零开始，直到有了一切，它随着人类实践范围而扩大。因此，自然美的本质在于“自然的人化”。如上文所述的第一种观点，简单地将自然美定性为自然本身的属性和形式，并认为没有人类的社会生活，美可以独立存在。这意味着自然美存在于人类之前，这种说法是荒谬的。没有人类哪有“美”“丑”这些观念？第二种观点认为自然美和自然对象没有关系，纯粹是人们的心理感觉，这又抹杀了自然美的客观性和社会性。有谁能说，泰山、黄山的美就美在我们心里？如果没有观赏过泰山，能想象到泰山的雄伟吗？现代人用闪光、贵重、不易生锈的黄金做成项链佩戴，为什么人们不用铁丝制项链？这一观点显然也是站不住脚的。

（二）自然美的发展阶段与自然美的形态

自然美的本质在于自然的人化，自然的人化大体有三种基本形式，这三种基本形式，决定了自然美发展的三个阶段和三种不同形态。

（1）自然物直接和间接打上人类实践的烙印，使人们得以从中直观自身。人从动物界分离出来后，逐渐发展了自身改造自然、支配自然的能力，他们不仅变更了植物和动物的位置，而且也改变了他们居所的面貌、气候，他们甚至还改变了植物和动物本身。人从自己征服、改造自然的积极成果中看到了自身的本质力量，从而获得审美的愉悦。不管是自然物被直接改造，还是自然物被间接支配、驾驭，它们都是人类社会实践的整体性成果，都成为自然美的构成。这里需要说明的是，人类最早发现的自然美属于那些直接打上实践印记的自然物。对这些自然美的发现属于自然美发展的第一个阶段——实用阶段。

（2）自然物作为人和人类生活的象征，显示出审美意义。这是自然美发展的第二个阶段——自然美比德阶段。当人类的实践程度发展到较高的程度，有了较多的物质积累，审美便脱离了物质实用的层次，而向更高的精神层次上升，开始将自然事物同人的精神生活、风俗习惯、道德品性相联系，以自然物的特征来引发、象征人和人类生活的联想。我国第一部诗歌总集《诗经》中就有许多以自然美比德的例子，而比德的自然物都是生活中对人们有益的自然物。孔子的“仁者乐山，智者乐水”仍属于暗含功用的比德，但比德时功用已潜藏起来了，更突出了精神价值，这是人类自然审美的一大进步。宋代周敦颐的《爱莲说》、现代茅盾的《白杨礼赞》、陶铸的《松树的风格》都属于这一类自然美。

（3）自然物作为人类可亲的环境而具有“人化”的意义，从而获得审美价值。这是自然美发展的第三个阶段——娱情阶段。最早跳出比德框框、从纯粹精神享受角度来欣赏大自然美景的要算东汉文学家、科学家张衡。他在《归田赋》中明确提出归田隐居、耽于山水的目的是“于焉逍遥，聊以娱情”。到魏晋南北朝时期，这种娱情的自然审美观念开始广为人们接受。人们以耽乐山水为风气，甚至出现了谢灵运这样的山水美育教学大家。我国古代表现自然美的艺术——山水画、田园诗文以及私家园林都是这一时期发展起来的。这标志着人类自然审美水平的提高。这种以观赏自然风景形式美为主要内容的娱情自然审美已成为现代自然审美的最主要形式。桂林山水、张家界、九寨沟等自然风景名胜区的开发充分证明了这一点。这类事物虽未经过人类实践的直接加工、改造，但是，由于人类社会实践活动的开展，促使更多的自然事物进入人的生活领域，成了人的生活环境，从而产生了美。这种“纯”自然的美，仍是人类社会实践的产物。现在有不少都市人，经常利用节假日到自然风景区观赏、游览，甚至只是一片荒山野岭，他们都会感到很美，这是因为都市人需要这样宁静的自然环境，他们感到可亲。试想，在《山海经》描绘的那个时代，人们的村落四周到处是狼虫虎豹、妖魔鬼怪，谁会以“荒野”为美呢？

（三）自然美的特点

自然美，较之社会美与艺术美，有自己明显的特征。

1. 侧重于形式美

一切美都是内容与形式的统一，在不同形态的美的事物中，侧重点不相同。一般来说，艺术美要求内容与形式的高度统一；社会美的内容一般重于形式；而在自然美中，形式具有突出的意义，内容一般相对隐约、模糊。因为自然物是自然生成的，不带有人类加工的印记。一般情况下，一片湖水、一座山峰、一棵树是没有明确的内容和特定意义的。正因如此，自然美的内容往往为人们所忽视，而自然美的形式却既不模糊又不笼统，显得异常清晰，给人们以鲜明的印象，激起人们强烈的美感。因此，在自然审美时，人们往往不过多地考虑对象的内容，而主要观赏色彩、声音、线条、形态、质料等形式美因素。

2. 自然美具有易变性

自然美在于自然的社会化、人化，源于自然同人类的联系，这就决定了自然美具有不同于其他形态的美的易变性。因为，自然物都要受到一定的自然规律与人类实践的支配，一旦内部因素与外部条件有变，都可能引起自然物的审美特征的变化。由于远近、方位、四季、朝暮、阴晴等自然条件的变化，同一座山的审美情态也在发生变化，并给人以不同的美感，所谓“春山烟云连绵人欣欣，夏山嘉木繁阴人坦坦，秋山明净摇落人肃肃，冬山昏霾翳塞人寂寂”，说的就是这个道理。

3. 自然美的多面性

由于自然物具有多方面的属性，自然物对于人和人类社会生活具有多方面的复杂作用，因此，在不同条件下，自然事物会在人类面前显示出其不同的侧面，有时表现出这样一种美，有时表现出那样一种美，有时可能会显得不美或表现出丑，这就是自然美的多面性。如老虎，既可以是凶猛、残忍的对象，也可以成为审美的对象。

二、社会美

社会美所指的是人类生活中社会活动的主体——人的美和一切社会现象的美。

（一）社会美的范围和特征

社会美包括一切社会现象的美和社会实践主体——人的美。人的美既有社会美的内容，又有侧重于自然美的人体美的内容。

1. 社会美的范围

社会美，包括社会实践的美、社会风尚的美和日常生活的美。

第一，社会实践的美。人类的社会实践包括生产劳动、阶级斗争、科学实验、政治活动等改造自然、社会和人类自身的一切实践活动。其中，生产劳动是最基本、最重要的实践形式。因而，生产劳动的美就成为重要的社会美内容。“喜看稻菽千重浪，遍地英雄下夕烟。”“天连五岭银锄落，地动山河铁臂摇。”这些诗句正是对劳动美的热情讴歌。吴伯箫的散文《记一辆纺车》《菜园小记》更以饱满的热情描绘了劳动过程的美。

人类的一切社会文明都是劳动创造的，包括人类自身，也是不断劳动进化的结果。劳动不仅使人脑变得越来越聪明，使人的形体、面貌变得越来越美，而且劳动过程是人的精力的一种自由宣泄，劳动成果更是以物质的形式肯定着人的创造才能，使人从中可以直观到自身的本质力量，因而劳动是最美的。当然，美的劳动的前提是自由劳动，而不是异化劳动。

劳动美，主要由劳动主体、劳动工具、劳动过程、劳动成果等方面体现出来。首先是劳动主体的美。人是构成劳动的首要因素，作为美的劳动主体，应该具有健康的体魄、熟练的技艺和高尚的职业道德。如果劳动者体质较差，弱不禁风，技术不熟练，责任心又很差，就会使整个劳动显现出很低的层次，无美可言。其次是劳动工具的美。人类的诞生是从打制工具开始的，人类的整个文明史也可以说是一部生产工具的发展史。劳动工具凝聚着人类自由创造的才能，显示着人的本质力量在各个历史阶段的最高水平，从工具身上人们会获得强烈的美感。再次是劳动过程的美。劳动过程是劳动主体本质力量的对象化过程，也是劳动者在对象的激发下自由地发挥创造力的过程。这种自由创造的过程会体现出强烈的美。庄子在《养生主》中为我们描绘了庖丁熟练解牛的劳动过程，“莫不中音，合于《桑林》之舞，乃中《经首》之会”。连庖丁自己也为这种劳动节奏的美打动，从中得到极大的满足，解牛完毕，

“提刀而立，为之四顾，为之踌躇满志”。读到这里，读者也会获得巨大的美感。最后是劳动成果的美。劳动成果以具体的形式体现着劳动主体的本质力量，是最容易被人感受到的美。从精美的日用百货、工艺美术，到丰收在望的瓜果、庄稼，还有人们美好的居住环境、理想的各种交通工具等等，都是人类用心血和汗水凝聚而成的劳动成果。它们不仅具有使用价值，而且以其审美价值肯定着人类的劳动过程，使人获得美感。

第二，社会风尚的美。社会风尚的美是指社会生活中人与人之间所形成的社会关系、风俗、风尚的美。社会生活的主体是人，人与人之间总要相互交往、相互联系，形成一定的社会关系。人与人之间相互尊重、平等谦让、体谅、照顾、友爱，就能形成美好的社会风尚。

第三，日常生活的美。日常生活的美包括衣、食、住、行各个方面，主要集中在生活环境的美和服饰打扮的美两大方面。

每个人都生活在一定的环境中，这个环境既包括个人所在的工矿、学校以及公共场所，又包括每个人的家庭、院落，甚至个人的房间。作为大的生活环境，建筑物的合理布局、环境的绿化与整洁，都会使人心情舒畅，精神饱满。个人小生活环境的朴素、大方、整洁、美观，也能创造美的环境。另外，服装修饰之美也在美化自身和社会方面起着重要的作用。这些方面的美化对于提高人们的文化品位，起着十分明显的作用。

2. 社会美的特征

社会美的特征，概括起来有以下三个方面：

第一，社会美与社会实践直接相联。马克思说：“社会生活在本质上是实践的。”社会美都是人们在各种实践活动中创造的。

第二，社会美与社会功利直接相联。社会美带有比较明显和强烈的社会功利，如果一个对象对社会没有任何功用，它不可能是美的。自然美、艺术美的功利性都比较隐蔽，甚至排斥急功近利，而社会美则带有比较直接的功用。

第三，社会美与社会制度、社会理想直接联系。社会美离不开社会，无论是社会实践的美，社会产品的美，还是人的美或人与人之间关系的美，都带有一定社会制度的色彩，往往随着社会制度的不同而体现出不同内容的美。

人类为了追求更理想的社会，许多先圣先哲、志士仁人奋不顾身，与落后、反动的势力所进行的不屈不挠的英勇斗争具有崇高美的价值。社会主义制度是现在人类最理想、最进步的社会制度，人们的物质与精神的生产力得到空前的解放，这为社会美的创造提供了极为有利的条件。

（二）社会实践主体——人的美

人，是社会实践的主体，也是社会的主要构成。人的美，在社会美中占有极其重要的位置。人的美，包括人体美（人的外在形体美）与心灵美（人的内在心灵美）两大方面。

1. 人体美

人体美，是人的形体、相貌、表情所呈现出来的美，它介于自然美和社会美之间。就人体的生理形态而言，基本上属于自然美；就人体的相貌、表情所显示的精神、性格而言，又属于社会美。在此，我们只讲人体美的自然美，人体的社会美内含在心灵美部分论及。人体美，主要从以下几个方面表现出来。

第一，身材相貌的美。美的身材相貌必须具备：健康、匀称、充满活力。健康的人体，肌肉饱满而富有弹性；肤色白净之中透出红润；姿态灵活自如、千变万化。人体蕴含着无穷的力量、智慧。著名美术家安格尔谈到体格健壮的年轻竞技家时说：“他的胸大肌和躯干部分一样是饱满结实的，上胳臂强劲有力，但关节很细，腿也是同样的，这就是力量与灵活的标志。”女子之美的条件也应当包括健康。古代艺术作品中曾描绘过像林黛玉这样柔弱的女子。当然，一般读者也觉得林黛玉很美，可是，随着现代体育事业的发展，健康作为人体美的条件，越来越为更多的人所接受和认同。

美的人体，还必须是匀称的。耳朵一大一小，腿一长一短，嘴向一边歪斜，都因破坏了匀称而显得不美。人体的比例与匀称，不同种族、不同民族有不同的具体标准。另外，人体的比例匀称，也不是要求左、右部分器官的完全对等。有不少人的左右腮两部分稍有差别，许多人的左眼与右眼不一般大，可是看上去却很美，这是因为人类在进化中不断运动所带来的身体各器官的变化结果——生动、变化，显示出生命的流动美。

第二，姿态动作的美。人体姿态动作的美，是身体各部分的协调、配合而呈现出来的外部形态的美。人体姿态动作的美，具有造型性因素。美的姿态，具有自由、舒展、敏捷的特点。扭捏作态、邯郸学步是断然不美的。

第三，风度美。风度，是指一个人在长期的实践中所形成的风采、气度。风度固然与一个人的思想文化修养有密切关系，但它是通过人体活动、表情而表现出来的，因此，风度与人体关系更为直接。温文尔雅、雷厉风行、处变不惊与蛮横霸道、毛手毛脚等风度就有很大差异。

2. 心灵美

人的美，一方面包括侧重于自然肌体的人体美，另一方面就是人的内在心灵美。

心灵美，是指一个人内心世界的美，包括品德、情操、人生观等方面所体现的美。品德，是一个人自觉的道德意识和良好的道德行为与习惯。情操是一个人在生活中形成的比较稳定的、系统的习惯情绪与思想感情状况。品德优秀、情操高尚的人，心灵就美。爱国主义、国际主义、追求真理的精神，集体观念、正义观念、热爱人民、热爱劳动、公私分明、明辨是非、积极进取等，都是一个人心灵美的具体表现。另外，心灵美还体现在具有进步、积极的人生观和进步的革命理想。

人体美与心灵美的统一是人的美的最高目标。但实际中常出现矛盾，一种情况是：人体美而心灵丑。另一种情况是：人体不美而心灵美。最典型的如《巴黎圣母院》中所描绘的加西莫多，他驼背、歪嘴、聋哑，奇丑无比，却是一个勇敢、忠诚、见义勇为、富有自我牺牲精神的、心灵崇高的人。最理想的情况是：人体美与心灵美的统一，像刘三姐、阿诗玛。当然也有人体与心灵俱丑的。

不管人体美与心灵美存在着多么复杂的情况，在这一矛盾中，心灵美始终起着主导作用。虽然人体美具有一定的独立性，但更多的情况下，人们都会自觉不自觉地将心灵作为衡量人美丑的最重要尺度。这不仅是因为心灵美是不可替代的，具有永恒的价值，而且是因为心灵的美还会“外溢”到人的外在形体上，提高人体美的程度和弥补人体丑的不足。

三、艺术美

艺术美，是指艺术作品所蕴含的美，较之现实形态的美，艺术美没有自然美、社会美那样丰富、多样、广阔，但因为它是“由心灵产生和再生的美”，熔铸着艺术家的审美意识，寄托着艺术家的审美理想，所以“艺术美高于自然”，比自然美、社会美更集中、典型、强烈地反映出生活的美丑，体现着艺术家对生活的审美评价，能够更有力地激发欣赏者的审美情感，最大限度地满足人们的审美需求，更有力地提高人们的审美能力。所以，人们很早就注重利用艺术美进行审美教育。至今，对艺术美的感受、理解、鉴赏，仍然是审美教育最重要的形式。

（一）艺术的本质

为了搞清艺术美，我们有必要首先搞清艺术的本质。艺术的本质问题，是千百年来人们所思考的有关艺术的基本问题，众多不同的回答归纳起来可以归为四种。

最古老的艺术本质论是源于古希腊的“摹仿说”。赫拉克利特的著作残篇，第一次提出了“艺术摹仿自然”的观点。柏拉图、德谟克利特、亚里士多德都坚持艺术摹仿论，只是柏拉图所强调的摹仿内容不同。后来，文艺复兴的许多文艺家，如达·芬奇、莎士比亚等都把文艺作品比作镜子，主张艺术作品应当像镜子一样忠实于现实。这种观点在西方一直到19世纪仍占统治地位。俄国民主主义理论家别林斯基、车尔尼雪夫斯基都坚持这一观点。与此相对的是“表现说”。“表现说”认为，艺术是艺术家主观心灵的抒写、表现。西方后来许多哲学家、美学家、艺术家都强调艺术是主观心灵的产物这一观点，如康德认为艺术是天才的产物。

英国诗人华兹华斯坚持“诗是强烈情感的自然流露”。20世纪意大利著名美学家克罗齐把艺术归结为非理性的直觉，英国文艺理论家科林伍德更是认为真正的艺术必然是表现情感的。西方现代主义的哲学家、美学家、心理学家认为艺术是本能、潜意识的冲动。中国自古就有“诗言志”（先秦时代）、“诗缘情”（魏晋）的诗论。日本作家厨川白村认为艺术是“苦闷的象征”。

除了“模仿说”“表现说”，20世纪又产生了一些新的艺术观点。如：艺术是一种审美价值，艺术是一种言语结构等。这些艺术观点都抓住了艺术的一些特征，都包含着一些合理的因素，但又都显得片面，有些观点之间明显是对立的。随着现代科学的发展，系统论、控制论、信息论的诞生为文艺本质问题的全面而科学的解答提供了可能。1953年，美国著名文艺理论家艾布拉姆斯出版文艺理论专著《镜与灯》，提出了著名的文学“四要素”说，把文艺活动看成是由作家、作品、宇宙和观众四大要素共同参与的一个活动系统，这就避免了“模仿论”“表现论”“实用论”和“客观论”的片面和孤立。我们在此基础上为艺术下一个比较全面的定义：艺术是以形象为媒介的、读者与艺术家之间的一种审美对话活动。这种对话活动以生活为话题，以艺术形象为媒介，表现艺术家的主观情思，对读者具有一定的审美价值。艺术作品是艺术活动的结果，也是艺术美的载体。为符合通俗的说法，艺术也可以用以单指艺术活动的结果——艺术作品。就形态而言，艺术属于社会的审美意识。审美是艺术区别于一般社会意识的根本。另外，艺术与一般社会意识还存着对象、方式、思维等方面的不同。一般意识是以社会生活中某一特定领域为对象的，而文艺则是以人的情感为中心的整体生活为表现对象；哲学、社会科学等社会意识是以概念、判断、推理、分析、综合的理论方式把握世界，是舍象取质，而“艺术美实际上是用一种显然和抽象思考相对立的方式来表现”，即艺术是以形象的方式来反映艺术家对生活的理解，是造象显质；哲学、科学是以理服人，以抽象思维为主，而艺术是以情感人，以形象思维为主。

（二）艺术美的特征

艺术美有以下四个方面的特征：

1. 形象性

艺术美是物化形态的艺术作品所蕴含的美，其本质是艺术家本质力量的感性显现。由于艺术作品是通过艺术形象来反映生活中的美丑、表现艺术家的审美意识的，因此，艺术美主要通过艺术形象的美来体现。

艺术形象具有多种形式，凡是在艺术中出现的感性形式都可以称之为艺术形象，而不专指有“形”、有“象”的客观具体对象。维纳斯雕像、蒙娜丽莎绘画是艺术形象，贝多芬的《月光奏鸣曲》、孟浩然的《春晓》也是艺术形象。概括起来，艺术形象是指艺术作品所描绘的具体而又概括并具有情感色彩和审美价值的感性形式。它是生活具象和艺术家主观情意的统一，是“有意味的形式”。

2. 情感性

艺术作为人类所特有的一种审美活动，情感性是其又一重要特征。情感不仅是艺术创作的内驱力，而且是艺术品的构成要素之一，它贯穿于艺术思维和艺术创作的全过程，并熔铸于艺术形象之中。情感性是艺术作品具有审美价值的重要原因，有了主观情感、思想，艺术作品才有了意味，才充满灵性，才具有艺术美的感染力。因而艺术美是主观与客观的统一。艺术美既要以生活中的美和丑的材料作为自己的基础，又要对生活美进行集中、概括、提炼，并要在对生活材料的肯定或否定的情感判断中，表现出艺术家对生活的态度，表现出他的审美判断。这就决定了艺术美与生活美的密切关系。一切艺术美的源泉归根结底都在生活中，同时艺术美又是对生活美的集中、概括与升华，是对生活美的心灵化、情感化、审美化。艺术美既表现为对生活中美的人物、事件的集中、概括、肯定、歌颂，也可以表现为对生活中丑恶、虚假对象的否定、鞭挞。文艺作品所描写的生活中一些丑陋的、邪恶的人物，到了艺术作品中，得到了艺术家美好心灵的观照，并获得了和谐的、美的表现形式，使生活丑在艺术作品中得到了深刻的认识，并揭示出其背后所隐藏的社会意义，体现着合规律性的真；同时由于艺术家对形象进行了否定性的情感判断，便从反面肯定了美，这就使作品具有了合目的性的善，加上艺术的感性的形式美，生活丑在艺术作品里便具有了审美价值。

3. 虚拟性

艺术美依赖于现实生活的美，但绝不是现实美的照搬照抄，真正美的艺术作品都带有一定的虚拟性，是一个虚拟的、想象的世界。只有通过虚拟和想象，才能使生活原型上升为艺术形象，使生活真实上升为艺术真实，使普通的日常情感上升为审美情感，构成有意义的艺术品。所以，虚拟性、想象性是艺术的又一重要特征。虚拟性、超越实用功利，这也是艺术区别于实用技术的重要标志。

虚拟，就是用虚构的方法来模拟对象，这就需要借助想象。中国古代戏曲艺术的虚拟性、假定性显而易见，而绘画、雕塑乃至文学又何尝不是虚拟与想象的呢？“曹衣出水”“吴带当风”“米点山水”“白发三千丈”“飞流直下三千尺”，这都是情理的真实、想象的真实。文学作品，从作家创作到读者阅读——将语言符号激活，都必须经过一个想象的过程。想象唤起了艺术家曾有过的或者从未有过的情感体验，实现了自然的人化和人的对象化。正是由于想象，人类创造了金字塔和万里长城，也创造了齐天大圣、天宫地府、牛郎织女。所以，黑格尔说：“最杰出的艺术本领就是想象。”

4. 永久性

艺术美较之现实美具有永久性。由于现实美一般总是处于变化之中，因而它是不稳固的，易于消逝，即使是现实美的最高形态——人的美，也不可能青春永驻。有些自然美更是昙花一现，如雨后彩虹。艺术美却不然，它一旦被创造出来，就可能跨越时间和空间，流传久远。两千多年前的古希腊艺术，就受到马克思的特别称赞，认为“人类童年时代”的希腊艺术，至今“仍然能够给我们以艺术享受”。

（三）艺术美的作用

正因为艺术美具有以上特征，所以，人们并不停留于现实美的观赏，而是在享受现实美的同时还热烈地追求艺术美。较之现实美，艺术美具有特殊的价值。

第一，艺术美在提高人们的审美能力方面，具有突出的作用。刘勰在《文心雕龙·知音》中曾曰：“操千曲而后晓声，观千剑而后识器。”这说明人们欣赏能力的提高，离不开艺术美的熏陶。马克思指出，艺术对象创造出懂得艺术和具有审美能力的大众。那么“艺术对象”如何“创造出懂得艺术和具有审美能力的大众”呢？我们知道，艺术是通过表现情感来唤起读者情感的。真善美是永恒的，也是无界限的。欣赏者阅读欣赏艺术作品，发现艺术作品中所蕴含的真善美的过程，也就是欣赏者的感情被陶冶的过程，就是他的审美能力得到提高的过程。通过鉴赏理解艺术美，读者的审美水平得到了提高，具有了“音乐的耳朵”和“艺术家的眼睛”，也必然提高对现实美的认识，并促进人们去追求更高层次上的美。

第二，艺术能够增加读者的人生体验，增加人生阅历，增强人们战胜困难、经受挫折的信心和能力。俄国伟大作家列夫·托尔斯泰曾说，在自己心里唤起曾经一度体验过的感情，在唤起这种感情之后，用动作、线条、色彩、声音以及言词所表达的形象来传达出这种感情，使别人也能体验到同样的感情，这就是艺术活动。美国文学理论家理查德·泰勒认为，成功的艺术作品不是要告诉我们人们是怎样行动和怎样感觉的，而是要把我们卷入剧中人的行动中去，去做更愉快、更使人满意的精神旅行。阅读、观赏艺术作品不仅能够透过艺术形象看到社会历史的变迁，而且能够体验作品中主人公人生历程的苦难、欢乐、悲伤、忧戚，像作品中人物那样活过一回，增强抵御打击和战胜困难的能力。据列宁夫人克鲁普斯卡娅回忆，当列宁病危的时候，她经常在黄昏时给列宁读文学作品，杰克·伦敦的小说《对生命的热爱》曾使列宁产生了共鸣，增强了战胜病魔的信心。显然，对艺术作品的阅读体验，不仅获得真善美的陶冶与启迪，而且进入作品的艺术世界本身就增长了人生阅历，增强了抵御挫折的能力。

第三，艺术美能够有力地推动社会生活健康发展。艺术美不仅能给人以审美的愉悦、心灵的畅快，而且能够“潜移默化”地达到认识作用和教育作用，成为“生活的教科书”，起到催人向上的巨大精神作用。高尔基曾说，文学的目的就是帮助人了解他自己；就是提高人的信心，激发他追求真理的要求；就是和人们中间的鄙俗作斗争，并善于在人们中间找到好的东西；就是在人们心灵中唤起羞耻、愤怒和英勇，并想尽办法使人变得高尚有力，使他们能够以神圣的、美的精神鼓舞自己的生活。

第二节　美感形态

根据不同审美对象给人的不同审美感受，可以把美分为崇高与悲剧、优美、滑稽与喜剧。本节，我们将对以上美的形态做一概述。

一、崇高与悲剧

崇高与悲剧是那些令人动荡不安，显示出冲突和斗争的审美对象。但二者又有很大的不同。

（一）崇高

崇高，这一美育教学范畴，在中国虽然出现很晚，但在战国时期孟子已经对“美”（今天所谓优美）和“大”（带有崇高意义）进行了区别；以后的文论、画论对两者的区别描绘得非常生动，到清代姚鼐明确提出了“阳刚之美”与“阴柔之美”的概念。

崇高，这一术语第一次提出是在古罗马的朗吉努斯《论崇高》一书。书中曾论及自然界的崇高对象，但主要论述的是文章风格的崇高体，即修辞学上的巧妙和宏伟。把崇高确定为美育教学范畴，则是近代的事情。18 世纪英国经验派美学家爱迪生、荷姆等人，开始不断地观察这一现象，积累了许多经验材料，特别是柏克曾将崇高与美并列和对立起来，对崇高的经验特征做了比较充分的表述。柏克将崇高与恐怖联系起来，认为人对对象（如黑暗、孤独、猛烈、无限等）不能理解感到恐慌、畏惧，引起自卫要求而起崇高感。柏克认为，美感“以快感为基础”，而崇高感则“以痛感为基础”，美以小巧为特征，崇高则以巨大、丑陋为条件。两者是相对立的。后来，康德从哲学上揭示了崇高与美的区别，确立了崇高在美育教学中的独特地位。康德认为崇高不在对象而在人类自身的精神，在于人心能抗拒外界威力所引起的先惧后喜的愉悦，它展示了理性的力量而过渡到伦理领域。康德的见解归根到底是主观唯心主义的。黑格尔则从其理念说出发，认为崇高是观念与形式的矛盾，有限的感性形式容纳不住无限的理念内容，因而引起感性形象的变形和歪曲，从而引起崇高感。

车尔尼雪夫斯基反对唯心主义的崇高观，认为崇高不过是巨大的东西而已。他主张用“伟大”代替“崇高”这一术语。车尔尼雪夫斯基的看法带有朴素唯物主义倾向，但却将问题简单化了。他只从事物形体大小来看问题，而没有与实践的主体相联系，就陷入了直观的机械唯物主义的境地。

我们认为，崇高是美的一种具体表现形态，应该从主客体的关系中来把握崇高的本质。美的本质是人的本质力量的感性显现。一般来说，作为人类真与善相统一的实践活动的结果是静态的，其形式是和谐的，人们在观照这种结果时获得一种优雅平静的喜悦之情，这便是优美；而人类争取真与善统一的实践过程则是动态的，其形式是严峻的、冲突的，人们在观照这种严峻的、冲突的运动过程时，获得一种矛盾的、激动不已的愉悦，这种美就是崇高。

引起人们崇高美的对象，自然界中以量的巨大和力的强大显现出人的感官难于把握的无限大的特征，如峥嵘的险峰、重叠的峻岭；气势惊人的风雨雷电、江河泛滥、火山爆发、地震、泥石流……凡此种种，无不显示出无穷无尽的威力，以压倒之势向实践主体挑战，使人感到一种“受动”，催促人类投入到征服自然的轰轰烈烈的伟大斗争中去，使主体体验到一种伟大的力量。社会生活中，进步阶级、正义力量与落后势力、邪恶力量的较量越是激烈，斗争越是英勇，环境越是艰难，越体现出革命者的英勇、豪迈、伟大，越容易激起人们的崇高感。艺术作品中，崇高常以粗糙、雄浑、不稳定的形式出现，通过违反规律、打破平衡，使人感到不熟悉、不习惯和不协调，给人的感官造成强烈的刺激和痛苦。文艺作品中最典型的崇高形式就是悲剧。

（二）悲剧

悲剧，作为审美的基本范畴，不仅限于戏剧，而是美的一个特定类型。

美育教学意义上的悲剧不同于生活中的悲剧，虽然前者是对后者的反映，但因为它不是机械的反映，而是审美的反映，这便使二者有了区别：生活中的悲剧这一术语泛指一切令人悲悯、悲伤的事件,往往与强烈的生理刺激、特定的功利反应紧密相连，主要激起人们的伦理态度和行为，因而是非审美形态的，一般不能直接进入人们的审美领域。艺术中的、美育教学上的悲剧是艺术家对生活中悲剧现象审美观照的结果,因而它可能而且应该直接呈现出巨大的审美意义。车尔尼雪夫斯基指出，人们通常都承认悲剧是崇高的最高、最深刻的一种。这说明悲剧确与崇高有十分密切的联系，有许多悲剧，如普罗米修斯、哈姆莱特、梁山好汉，既是崇高，又是悲剧。但是二者也有分别。崇高有的以悲剧结局,而有的却以斗争胜利正剧结局。悲剧，有的是崇高的，如英雄人物的悲剧，而有的“小人物”的悲剧就是非崇高的。

悲剧的本质究竟是什么呢?

对悲剧的本质较早进行探讨的是古希腊的亚里士多德，他认为，悲剧是对于一个严肃、完整、有一定长度的行动的模仿，引起怜悯和恐惧来使感情得到陶冶。悲剧的主人公是比现实中更好的同时又是“和我们类似”的人物,通过他们的毁灭引起观众的悲悯和畏惧,并从积极方面给人以“净化作用”。由于时代的局限，亚里士多德对悲剧产生的原因无法做出更为深刻的解释，他只把主人公的遭殃归于他们自身的“某种过去或弱点”。这样就无法解释希腊悲剧中众多命运悲剧的深刻历史原因。继亚里士多德之后，黑格尔对悲剧理论做了重大贡献。黑格尔指出，悲剧不是个人偶然的原因造成的，而是两种社会义务、两种现实伦理力量的冲突造成的。悲剧人物所代表的力量是合理的，但又有片面性，因此两种善的斗争才是悲剧冲突的基础。这样，黑格尔又抹杀了悲剧冲突的正义与非正义的区别，看不到悲剧冲突本身是反映着新旧力量的斗争。车尔尼雪夫斯基批判了黑格尔唯心主义的悲剧观，指出不是每个人死亡都是因为自己的罪过，强调悲剧是人的伟大的痛苦，或是伟大人物的灭亡；痛苦与毁灭的原因是偶然还是必然，这完全一样，痛苦与毁灭总是可怕的。车尔尼雪夫斯基把悲剧从理念领域拉回到现实生活之中，启示人民藐视偶然性的破坏，这具有革命的进取精神，但他又否定了悲剧形成的必然性，因而也无法正确解释悲剧的社会原因和意义。

马克思、恩格斯从辩证唯物主义与历史唯物主义的哲学立场出发，科学地总结了人类历史发展中的悲剧性矛盾和悲剧艺术发展的历史经验，深刻地揭示了悲剧的客观社会根源，从而彻底超越了唯心主义的悲剧观。恩格斯在《致斐·拉萨尔》的信中指出，悲剧的真正本质正是由历史的必然要求和这个要求的实际上不可能实现之间的悲剧性的冲突所决定的。凡是代表了历史发展的必然要求、有益于推动历史前进的社会力量、新生事物，在伦理上便是善的，在审美上便是崇高的，它的反面则是恶的、丑的。在历史的发展中，那些为了社会进步、人类幸福而不惜牺牲个人与落后、反动力量进行殊死斗争的英雄，是最高的善和最伟大的崇高。他们在斗争中必然会遇到来自自然力量、社会力量以及自身局限等方面的困难，造成暂时失利、失败而形成悲剧。它能够更充分暴露现实存在的不合理和必然灭亡的趋势，充分显示实践主体要求的合理性和必然胜利，具有崇高的美育教学价值和巨大的教育意义。因此，可以说，悲剧的美育教学特征表现为一种主体与客体的矛盾斗争趋向于统一的过程，即体现人的本质力量的实践主体暂时被否定而最终被肯定，代表历史发展方向的实践主体暂时受挫折而终将获得胜利。

悲剧的具体表现形态丰富多样。黑格尔将悲剧分为命运悲剧和性格悲剧。这种分法，以马克思主义悲剧理论来看，显然是不深刻的、不全面的。我们认为，应该将悲剧根据悲剧冲突的实际分为三种：新生力量的悲剧，旧事物、旧制度的悲剧，以及“小人物”的悲剧。

新生力量的悲剧，是指新生事物在诞生时还不够强大，它虽然代表了历史的必然要求，但由于旧事物力量还很强大，或者由于新事物自身还具有片面性，条件不成熟，而导致的新生事物的失败与毁灭，形成丑压倒美的悲剧。因此，新生力量的悲剧，实际上是新的社会制度代替旧的社会制度的信号。普罗米修斯、陈胜、吴广、梁山英雄、巴黎公社英雄、李大钊、瞿秋白等无数为国捐躯的民族英雄和献身于革命事业的先烈，都十分突出地体现着这种悲剧美。这种代表历史发展方向的悲剧性形象，能在我们心里引起热烈的同情、极大的敬意，同时又能激发新的锐气。这类悲剧能够给人以强烈的道德震撼和精神鼓舞，具有特别巨大的审美价值与教育意义，是一种典型的崇高美。

旧事物、旧制度的悲剧。这主要是由于在一定历史阶段，曾经是先进的、合理的社会力量、社会制度开始转化为旧的保守力量，而与社会历史的进步相矛盾，但它还没有完全丧失其存在的合理性，因而它的代表人物的毁灭，也有一定的悲剧性。此外，旧事物的悲剧，也可能产生在旧世界的内部矛盾对抗中。当不处于统治地位的旧力量起来反对统治阶级，反对占统治地位的现存制度，常常存在尖锐的矛盾、斗争。前者对后者的激烈反抗，可能在客观上反映着某种限度的历史必然要求。但是，他们受阶级利益的局限，不可能在根本上与革命阶级和新生的社会力量站在一边，终将走向必然失败的结局，所以也具有一定的悲剧意义。

“小人物”的悲剧，是指历史上（包括反映到文艺作品中）的一些下层社会的“小人物”，他们既不是旧制度的代表，也不是新生力量的领袖，他们一般没有远大的革命理想，没有反抗旧制度的勇气，但他们身上都有一些可贵的品质、美好的精神，但由于制度的残酷、邪恶势力的强大而遭到毁灭。如果戈理、契诃夫笔下的小公务员、鲁迅笔下的孔乙己、老舍笔下的祥子等，这些人物的悲剧虽不能引起人们的惊叹和振奋，却给人以深深的同情、激愤，促人深思，激发人们探求生活的真理，去探求变革社会的良方。

二、优美

优美，是生活中、艺术中人们最常见的一种美。许多美学家在他们的论著中所说的美，即指优美。因此，人们又习惯于称优美为狭义美。

如果崇高和荒谬表现在主体和实践客体的对立和斗争中，那么优美就是主体和实践客体的和谐统一。虽然广义的审美意义本质上是内容与形式的辩证统一，但在这方面，不同类别的美之间存在着明显的差异。以崇高为例，其内容和形式往往呈现一种尖锐对比的状态，其感性形态与形式美的一般规律整齐、对称、平衡、调和等相背离，常以巨大、粗粝、直、硬、瘦、奇、丑等面目出现。审美主体同审美客体之间也存在着对立，在冲突过程中，客体逐渐抑制了统一的倾向；美的内容与形式相协调，其感知形式与形式美的一般规律相一致，没有明显的冲突。

优美一词，源于希腊女神哈丽特的象征意义。哈丽特是希腊三女神的合称，是美好、光明、欢乐的化身。优美的感性特征是清丽、淡雅、静谧、轻盈、精致、柔和，给人以赏心悦目的审美感受。社会生活中的优美侧重于内容的和谐，如纯真动人的爱情，人与人之间友好和睦的关系，活泼可爱的儿童，等等，在内容与形式的统一中，自由的内容更胜于和谐的形式。自然中的优美，侧重于形式。优美的自然景物，鲜明地体现着人类合目的性的实践活动与自然规律的和谐统一，并体现着人的生理、心理结构和实践活动同自然物的色、音、形等形式特征和形式美组合规律相一致。三月阳春，皎洁的月光、优美的园林、盛开的鲜花、婀娜的垂柳等都是人们赏心悦目的优美形象。艺术中的优美是现实中的优美经过艺术家审美观照和审美加工的产物，既讲究内容的和谐，也讲究形式的和谐，力求两者水乳交融地统一，以更鲜明、集中地体现优美的特性。如希腊雕刻中的男神、女神，提香和安格尔所画的裸像，《解放了的普罗米修斯》中所洋溢的宁静、幸福而又普遍完满的气氛，张若虚的《春江花月夜》……无不体现着人类的体格、精神和情感的完满性与理想化交融一体的和谐美。

优美感的基本特点是宁静和谐的审美感知和情感上的平静愉悦。车尔尼雪夫斯基曾指出，美感的一个主要特征，是一种温柔的喜悦。车尔尼雪夫斯基所说的“美感”，就是指的狭义美——优美所引起的审美感受。“温柔的喜悦”，可以说是十分准确地概括了优美感的特征。因为，优美感是一种通过感官能够直接感受领略的美感，而崇高感则必须通过理智与情感更为紧张的探索与激荡才能感受领会；另外，优美感是由想象趋向情感和理解，是侧重于对合规律性的自由形式的玩赏和领悟，始终伴和并增添着赏心悦目的快感，这也不同于崇高感的想象。崇高感的想象，更多地倾向于对合目的性的必然内容的探索追求，更为侧重于在矛盾冲突中求取伦理情感和哲理思维的交融。

三、滑稽与喜剧

东西方都有相当久远的滑稽与喜剧的历史。中国汉代就有“徘优”，现代有相声、戏剧小品等多种引人发笑的滑稽艺术形式。在古希腊，喜剧也是由民间滑稽表演发展而来的。古印度，也有滑稽戏。历来的美学家对滑稽与喜剧等都很重视，认为它们是有别于崇高、优美，而具有自己显著特征的美的形态。

那么，滑稽与喜剧的本质是什么呢？

亚里士多德指出，喜剧的模仿对象是比一般人较差的人物。所谓“较差”，并非指一般意义的“坏”，而是指具有丑的一种形式，即可笑性（或滑稽）。黑格尔认为，滑稽不同于崇高，崇高是理念内容超出和压倒感性形式，滑稽则是感性形象压倒理念、因缺乏理念的实体性而表现出空虚。车尔尼雪夫斯基接受和发挥了黑格尔的滑稽观，他认为丑是滑稽的基础和本质。虽然，在崇高中也会出现丑，但是丑在崇高中不是专以丑的面目出现，却是以恐怖的面目出现的，这种恐怖依靠它的丑显现的庞大和威力，在我们心里引起恐惧，这种恐惧使人忘记了它的丑。黑格尔和车尔尼雪夫斯基的观点，从事物的内容与形式的矛盾中揭示了滑稽的特征，具有一定的合理性，但是由于他们未能从社会实践的观点来解释滑稽，因此，并不能揭示滑稽的深层本质。

我们认为，滑稽的本质是通过直接否认丑陋来肯定人类的基本力量。当实践主体在冲突中占据主导地位时，与实践主体相关的实际客体要么已经结束，要么很快就会消失。它正在失去其目前的基础，但它甚至没有意识到这一点，也没有为之奋斗。这时其触目的、强大的外观形式与其空虚的内容形式的不协调，成为人们揶揄、嘲笑的对象。通过这种方式，主体可以感受到人的本质力量，并获得一种有趣的美感，这就是滑稽。

滑稽的类型有两种，一种是否定性滑稽，即丑的对象和本质之间产生了明显的荒谬、不协调，明明陈腐不堪，已被击败或即将被击败，但还要百般遮掩，“打肿脸充胖子”，自以为是，作可笑的挣扎，以实现其“幻觉”中的合理性和胜利，这就是否定性滑稽。另一类是肯定性滑稽。它的特点是将美的内容用某种丑的形式表现。《史记·滑稽列传》中的优孟、《徐九经升官记》中徐九经的扮相与表演、民间传说中的济公等，在这里受嘲弄的“丑”，仅仅是作为被现实肯定的正面人物非本质的形式而存在的。因而，滑稽的“丑”不会损害所表现的正面形象的美和善的品格，相反，只会烘托、加强其可爱和情趣。西方许多美学家在论述滑稽时实际上只谈了否定性滑稽，而没有提及肯定性滑稽，这是不够完整的。肯定性滑稽在社会主义艺术中日见增多，理应受到我们的进一步重视和研究。

滑稽的审美特征，是引发人们在恶的渺小空虚和善的优越的对照中，看到自身的胜利和威力，引起人们对于对象轻蔑、嘲笑的审美愉快。滑稽所引起的审美效果，具有更为鲜明强烈的娱乐性，它的特征是引人发笑。审美的笑不同于一般生理的笑，审美的笑只有在显示了人的本质力量的审美观照中才会出现。审美的笑分为两种：一种是优美的对象所引起的人们精神的满足、会心的微笑；另一种则是由于对象的内容与形式鲜明强烈的不协调，使人忍俊不禁，“肺部把空气用急速的、相续的呼吸吐出去，从而生起对健康有益的运动”——发出笑声。滑稽感而引起的笑，属于第二种笑。它是人们直观到自身的力量而感到惊奇和优越而发出的。

喜剧艺术是随着人类社会生活的发展而不断发展、日益丰富和深化的。早期的喜剧一般是单纯嘲笑人的外部形体动作，喜剧发展到成熟形态便不再满足于闹剧、噱头，而上升为对人的精神世界的丑、对某种社会制度、社会秩序的丑的嘲笑，出现了吴敬梓、鲁迅、莫里哀、塞万提斯等艺术家笔下意味深长的喜剧形象，如堂吉诃德、阿 Q 等。

喜剧的体现形式是多种多样的，如打诨、闹剧、讽刺、冷嘲、幽默等。在这里，我们只简要介绍讽刺和幽默。

讽刺是一种真实的、夸张的方式，或者是一种真实的、巧妙的方式，简单地生活在无用的东西上，一些东西必须被撕碎，才能展示给人们看，让人们获得对否定丑的情感愉悦。漫画是最常见和最成功的讽刺形式之一。幽默也是一种独特的喜剧形式，它并不像讽刺那么糟糕，而是把内容和形式中美与丑的复杂因素交合，以一种直接的喜剧外化的形式混合在一起。幽默所引发的笑，通常带有轻微的讽刺，是由幽默引起的。不同的美丽和丑陋的组合创造了不同的幽默形象。以美作为一种主导成分，是有趣的、自然的、不受约束的、愉快的，可以塑造一个积极的形象；以丑作为一种主导成分，会形成一个丑陋且荒谬的消极形象。幽默感是自尊、自嘲与自鄙的混合体，它所具有的讽刺意味突出反映了人们洞察事物本质和坚信历史发展趋向以及对自身力量充分自信的乐观精神。这也正是幽默鲜明的美育教学特征。

第六章　美的欣赏

人们对美的事物的欣赏，是调动自己的心理要素，运用自己的审美标准，对事物是否美进行的一种情感性体验、评价和判断。这种活动必须通过个体的直接感受和情感反应来实现。因此，美的欣赏不可避免地带有个人爱好的主观倾向性，出现“情人眼里出西施”的情况。但是，美的欣赏中并非没有一定的客观标准，因为美的事物总包含着一定的客观社会内容。本章通过阐述美的欣赏的主客观条件、一般过程、审美趣味的差异性与共同性、审美标准的主观性与客观性，来提高人们进行美的欣赏的自觉性、有效性。

第一节　美的欣赏的主客观条件

美的欣赏是审美主体对审美客体的一种情感体验和判断，是对审美对象的审美属性的情感观察和审美感知。与一般认知不同的是，欣赏活动并不要求鉴赏者通过依附于客体本身并依附于客体而获得对客体的准确认识，而是通过允许和要求，使鉴赏者能够相对自由和积极地探索和发现客体的美。对美的认识使人们快乐、兴奋、开明，主要不在于欣赏者被动地接受了什么，而恰恰在于他主动地发现了什么、补充了什么、创造了什么。审美的价值在于激发人们的情思、想象，在于在对象的导引下展开积极的思维，使主体在追寻和发现中得到无穷的审美乐趣。

一般来说，进行美的欣赏，必须使美的对象与审美主体建起一种对象关系。这种关系的建立包括两个方面：一方面，要有客观的审美对象作为欣赏的前提；另一方面，审美主体应当具备相应的审美条件。客观的审美对象的存在是第一性的。它不以欣赏者的意志为转移，不会因某些欣赏者缺乏相应的审美条件而无法观赏就降低了美的价值。如果没有一定的美的事物，那么，水平再高的美学家也会因缺乏审美对象而无从感知、想象、体验，即无法产生美的欣赏。同时，审美主体的条件如何，又反过来决定客观事物能否以及在多大程度上进入主体的审美视野、成为他的欣赏对象，决定着主体所获得审美愉悦的程度和特点。

进行美的欣赏，形成审美关系，除了要有美的对象作为客观条件，欣赏者要具有哪些主观条件呢？

第一，要具备健全的审美感官，这主要是指有能欣赏形式美的眼睛和感受音乐美的耳朵。进行美的欣赏，固然要有健全的五官（主要是视、听）感受能力，但更重要的是要在社会实践中培养起对美的事物的感受能力，使自然的感官成为审美的感官。人的审美感官的形成“是以往全部世界历史的产物”，是在社会实践中逐步“人化”的结果。

第二，要有必要的审美修养，包括文化、知识储备以及足够的生活阅历等。首先，审美主体对于要欣赏的对象要有一定相关知识的储备。无论是观赏自然风景、建筑园林，还是欣赏音乐、绘画、戏剧、电影、文学等艺术作品，没有掌握欣赏对象的有关知识，那样的观赏只能是“走马观花”，谈不上审美，只能是“看热闹”——流于浅层或想当然地流于主观。其次，审美主体要有一定的社会人生阅历。生活积累丰富、阅历深广的人，才能在欣赏中引发更多的联想与想象，浮想联翩，使想象与情感互相促进，获得更大的美感。如果没有登高望远的生活阅历，根本无法体悟李白登泰山“天门一长啸，万里清风来”诗句所包含的豪迈之情。古人强调“读万卷书，行万里路”和“功夫在诗外”，都是强调文化修养、生活积累的重要。

第三，要有进步的审美观。健康进步的审美观指导着人们的审美活动，制约着人们的审美方向，影响着人们的审美效果。缺乏进步的审美观指导，就很难获得审美的乐趣，特别是对于倾向性比较强烈的社会美、艺术美便不能很好地感悟，而那些立场、观点反动的人还会美丑颠倒。

第四，要有一定的审美心境。心境是一种相对持久的情绪状态，它会在很长一段时间内影响一个人的所有行为，因此它会以某种情绪色彩影响一个人的所有行为和经历。一个人的精神状态会影响他对事物的感知。如果心境被压抑，他可能会对审美失去兴趣；如果心境十分开朗，他可能会在审美的感觉上更加敏锐。

总之，具备了以上审美条件，才能构成一定的审美关系，主体才能进入审美的过程，才有可能获得美感。

第二节　美的欣赏的一般过程

美的欣赏的过程，是审美主体面对审美对象，调动自己的审美心理积极地接受、体验和创造的过程，也是感知、想象、情感、理解等多种心理要素互相配合、协同作用的过程。美的欣赏过程中，主体的心理结构十分复杂，为了提高审美活动的自觉性与有效性，我们只能根据已有的资料和前人的研究成果，对美的欣赏的一般过程做一粗线条的描述，并在此基础上，对审美中的一些重大问题做进一步的阐述。

一般说来，美的欣赏的一般过程大致可分为初始阶段、高潮阶段、效应阶段这样三个相对独立又紧密相连的阶段。这三个阶段不仅有时间上的先后顺序，而且在逻辑上也是互为因果的。即先有以审美注意与审美感知为标志的初始阶段，才有可能获得审美愉悦的高潮，在此基础上，主体的心灵受到美的启迪、陶冶，发生改变，得到提升，出现审美的效应。

一、初始阶段：审美注意与审美感知

美的欣赏的初始阶段是审美客体被审美注意力所吸引，并将审美知觉传递给审美客体。这个阶段从日常生活中的意识中断开始。所谓的日常生活意识是一种功利主义意识，具有有限的远程控制目标。在这种意识中，头脑就像一种思想的表达，它直接走向自己的目的地，不停留在任何中间点。从开始到结束只是一种手段，似乎没有什么特别的价值。如果一个人遇到了意想不到的刺激，他的日常意识就会被打断。如果日常生活意识的中断是由审美

价值的东西引起的，那么客体中断后的日常生活意识将成为一个审美领域。日本美学家今道友信称此现象为“日常意识的垂直切断”。这种日常生活意识的突然中断，表现为两种不同的情况，一种是人生旅途上的暂时停留和休息，它使人的心灵得到平静和安歇；另一种是审美情感之火的点燃。人的意识、情感一下子从纷繁的日常事务中解脱出来，转向审美领域，形成审美注意、审美期望，产生一种精神上的渴求，并在这种情感的催发下，进一步调动主体的审美感官，感知审美对象的形式特征。比如观赏一种花，看清它的茎、叶、花，看清花与叶的配置，花的颜色，花瓣的形状，花朵的姿态，以及整个花与叶、茎所形成的神韵。看一幅画，首先感知它的色彩、线条，看清其中的人物、景物，以及人物关系，背景与人物搭配等等。总之，是审美主体在审美注意驱使下对审美对象进行审美感知，并初步地伴有想象、情感、理解等心理活动，对审美对象的形式美和人生意味进行初步的体验，初步获得感性愉悦。在此阶段，审美主体的想象翅膀还未展开，理解还不深入，情感还没有激发起来，还没有进入深刻的审美体验。

二、高潮阶段：审美把握与情感愉悦

美的欣赏的初始阶段过后，主体便进入审美高潮阶段。在审美高潮阶段，主体进一步扩大自己的审美注意，进一步深入感知审美对象的形式美，并调动想象、情感、理解等多种心理要素，日常意识进一步“懈怠”，审美心理、情感更加自由、活跃，呈现出浮想联翩、情感奔涌的心理状态。物象不再是物象，而是心灵的投射；声音不再是声音，而成为灵魂的颤动。顽石富有了生命，一下子成了机智、善良、忠贞的阿诗玛；白纸上的墨水，不仅有了竹形、马状，而且竹“一枝一叶总关情”；马引颈长嘶，扬蹄腾跃，引发欣赏者一往无前、不可羁绊的进取精神。伴随着活跃的想象和强烈的审美情感，审美主体也加深了对美的形象的认识理解。这种审美认识、审美愉悦使主体的身心获得巨大的欢乐，精神得到提升，视野得到扩大，情感得到陶冶，心灵获取了信念、勇气和力量。

三、效应阶段：审美判断与审美欲望

美的欣赏的第三个阶段是审美判断与审美欲望的再生。审美高潮所产生的直接的心理效应是审美判断，进一步的效应为主体在美的享受中产生了新的审美欲望。审美判断是审美主体依据一定审美标准、审美理想和审美趣味，对审美对象进行的一种饱含理解的情感评价。主体在审美高潮的基础上，对活跃的审美表象进行整合，形成审美意象。效应阶段，人们的审美感受作为信息贮存入大脑，强烈的审美体验会长久地作用于主体，“三月不知肉味”。存入大脑的审美信息归类整合，使人们形成一定的审美观念、审美理想、审美趣味，作为审美经验成为主体的审美财富和动力，一旦有新的美的事物，它们都会被重新激活，相互作用，指导人们的审美活动。每次审美经验都会给审美主体以报偿，又会激发起新的审美欲望。所谓“影迷”“书迷”“戏迷”“画迷”都是审美欲望强烈的具体表现。

美的欣赏除了以上直接的效应，还有一些间接和较为深远的效应，这主要表现在两个方面：一是提高了主体对美的欣赏能力，二是丰富了主体的情感生活，拓展了主体的情感世界。认识、感受美的能力并非先天就存在，而是人类在不断的实践中锻炼发展起来的。审美经验的间接效应还通过丰富人的情感世界而培养和调动起人的创造性心理，从而促进整个物质文明和精神文明的进步。在审美经验中，人总是关注想象和想象的结果，在这方面，他们面临着新的材料和新的形式。这种接触越频繁，对新事物的渴望就越大，对旧事物的超越就越大。想象力是通过不断参与审美体验而发展、锻炼起来的，这种锻炼不仅直接提高了人们欣赏美的能力，而且提高了他们独立思考科学问题的能力，使他们有意识地理解和尊重道德规范，增进相互理解和同情，减少敌意和误解。

以上，我们对美的欣赏的过程做了一般性描绘，初步揭开了审美活动神秘的面纱。要提高人们美的欣赏能力，不仅要了解审美的一般过程，对审美过程中审美趣味的差异性与共同性、审美判断标准的主观性与客观性等重大审美问题还必须做深入的探讨。

第三节 审美判断的标准

在美的欣赏中，人们在感受、体验、理解美的同时，要对审美对象进行审美判断，而进行审美判断总是依据一定的审美判断标准。

一、审美判断标准的含义及发展

审美判断，是指审美过程中审美主体依据一定的审美标准、审美理想和审美趣味对审美对象进行的一种包含理解性的情感判断。审美判断有别于非审美的逻辑判断。“这朵花是美的”“这朵花是黄的”，这两个判断乍看上去没多大差别，但实际上一个是审美判断，一个是逻辑判断，区别很大。逻辑判断中主词“花”和宾词“黄”都是概念，判断的实质是将眼前的特殊对象由个别概念归入一般概念，判断中逐渐舍弃花的表象。而“黄”，作为某种长度的光波，可以用光谱分析予以测定，同时也可以从视网膜接受刺激之后所引起的特定生理反应得到证明。因此，判断的普遍有效性可以作为定式标示出来，而审美判断则不然。说这朵花是美的，就完全不能脱离这朵花的外在形态，它的形状、色彩、香味等具体状貌。同时，说这朵花美，是主体的一种情感判断，主词“花”是个感性形象，宾词“美”则是对客体审美价值的主观肯定，包含着主体的愉悦感。审美判断不能脱离主体此时此地的主观情感态度，他的生活经验、趣味爱好、文化艺术修养以及当下的心境等主观因素的影响。审美判断虽然也具有普遍有效性，但无法归结为某种定式，往往出于常理之外，含的是“理外之理”。美的欣赏活动，通过个体的直接感受和情感反应来实现的，必然带有个人爱好的主观倾向性，但它也要对对象的美做出一种判断，要求具有社会的普遍有效性。人们总是自觉不自觉地运用某种相对稳定的尺度去衡量审美对象，这种尺度就是审美标准，它是进行审美判断遵循的基本原则，也是衡量对象审美价值高低的尺码。

人类最古老的审美标准是与实用标准相结合的，因为美丽的东西首先是对祖先有用的东西。这不仅反映在大量以劳动主体、劳动工具和劳动过程为中心的史前艺术作品中，也反映在古人“美善相乐”的观念理论中。随着艺术生产与物质生产的逐步分离，相对独立的人类的审美规范逐渐形成。从审美客体的角度来看，这种相对独立的审美规范的形成，是审美对象对人的本质力量的显现。表演的力量必须更加微妙，才能达到越来越高的水平。从审美主体的角度来看，是人们审美能力的提高使其居于突出的地位，独立和审美标准的发展极大地促进了人类最典型的艺术创作和艺术欣赏的发展。虽然也出现过“好细腰”“裹小脚”等复杂状况，但总的趋势是稳步向前、积极进步的。

二、审美标准的主观性与客观性

审美标准，是人们在审美实践中逐步形成的，是审美经验上升到审美理想而凝聚、概括出来的，是人类社会意识的一个组成部分。因而，它具有主观性和相对性，不同时代、社会的个人、阶级、民族都有各自相对独立的审美标准。但是，它又必然具有客观性和绝对性。历史上，一些个人、阶级、民族，按照各自的标准所做出的审美判断，经过后代审美实践的证明，有的具有普遍有效性，有的不具有普遍有效性。这恰恰证明了审美标准的客观性和绝对性是不以个人或某个集团的主观意志为转移的。历史上，像《红楼梦》《水浒传》等遭到统治阶级禁毁的作品，经过历史的洗涤，终于放射出奇光异彩，相反，封建统治阶级曾极力倡导的一些浮华文体和畸形审美风气，也早已被人们淘汰。

三、审美标准的具体内容

审美标准，实质上反映了时代审美主体在具体的审美判断中所能观照到的人的本质力量的程度。因此，根据我们对美的本质的理解，审美标准的客观具体内容可作以下三个方面的基本规定。

第一，真。美是人的本质力量的感性显现，美感是审美主体从对象身上观照到人的本质力量所获得的精神愉悦。任何美的事物都应当体现出“合目的性”与“合规律性”的统一。因此，人们观照对象是否符合实际，是否符合事物的内在规律，即是否蕴含着“真”，就成为具有普遍意义的一条审美客观标准。人类遵循事物的规律，使铁船下海，实现了水上行走的梦想，利用潜水艇，深入几百米的海底，制造出了超音速的飞机，卫星上天，机器人做一些人所不能做的工作，深冬吃上了鲜嫩的黄瓜……这一切无一不是人类认识自然、合规律地创造的结果。从这些对象身上，人直观到自身的本质力量，获得巨大的美感。艺术创作亦是如此。艺术美的第一个审美标准就是真实，真实是艺术的生命。尽管对真实有不同的理解，但没有一个艺术家放弃了对艺术真实的追求。背离真实的作品，决不会获得欣赏者的肯定。

第二，善。美作为人的本质力量的感性显现，实质上又是人类合目的性的实践的对象化，美感正是这种目的的实现所引起的精神满足。因此，是否符合人类的功利目的，是否对人类历史发展有益，也即是否暗含着“善”，这是判断对象是否美的又一项客观标准。这在人类的劳动产品——特别是日常生活用品和工艺品方面表现得尤为突出。一件衣服、一台收录机、一辆小汽车……几乎一切实用产品，无不以其是否符合社会的实用要求作为判断其好坏、美丑的前提。实用产品如此，山水自然景物这些初看上去似乎并无实用价值的对象之美，也是如此。处于狩猎阶段的原始人只以兽的牙、角为美，在他们眼里，鲜花、绿草、黄金、珠宝这些现代人眼里的审美对象无美可言，根本原因在于这些对象对他们尚无用处，尚无实用价值，也就不具备审美价值。随着“人化自然”范围的逐步扩大，以上对象才逐渐成为人们的审美对象，甚至包括一弯新月、一块顽石，由于能够使人联想到人类生活的美好，以比较曲折隐晦的方式肯定着人的本质和人类生活的进步，给人愉悦，对人们有好处。自然美景往往能十分自然地引发人们心旷神怡、游目骋怀的情绪欢愉，有助于人类的精神调节、情感陶冶，暗含着间接的功利性，从而引起人们的强烈美感。

第三，美。对象在内容与形式和谐统一所达到的程度，也是审美判断的标准之一。美是人的本质力量的感性显现，美感是人们通过对象的感性形式观照到人的本质力量而引起的精神愉悦。人的本质力量对象化的产品不一定都美，如科学著作，还有一些劳动产品，虽然凝聚着人类巨大的劳动，但尚属半成品或没有获得一个足以使人的本质力量放射出光辉的具体的感性形式，也无法显示出美。在对这类对象的审美判断中，感性形式显现的人的本质力量的程度作为审美标准，表现得特别明显。当然，在美的欣赏与判断中，必须强调的是人的本质力量与感性形式的融合程度，即美的内容与美的形式的有机融合。

简而言之，凡是以感性的形式启迪人们智慧、促使人们热爱生活、愉悦人的身心的事物就是美的，在这方面达到更高的层次就更美。这是最基本的审美标准。由于美育教学现象的丰富性和多样性，很难定义一个涵盖所有方面的单一模型。因此，在对某一特定审美对象进行审美评价时，必须有适当的审美标准，这是我们在欣赏美的同时应该注意的。

第七章　美的创造

学习美育教学的基本知识、基本理论，这不是我们进行审美教育的目的。我们的目的是培养人们对美的欣赏与创造能力。马克思主义美育教学是实践的美育教学，它不仅主张美是实践的产物，而且认为一切美的理论的生命就在于实践之中。它是审美实践的科学总结，应该回到实践中，指导美的欣赏与创造。

第一节　美的创造的实质与条件

一、美的创造的实质

人类的美的创造活动，经历了由无意识到有意识、由自发到自觉的漫长发展史。

当人类的祖先开始打磨石器的时候就告别了动物界，开始了自己创造美的故事。然而，美育教学创作活动的开始是朦胧的、低级的，但仍然是当时人类审美意识的产物，仍然体现了人类认识自然、改造自然的本质力量，具有一定的美的价值。当人们有一定的物质条件和社会分工时，人类美的创造也开始进入意识阶段，能够明显地在他所创造的世界中直观自身。人类有了自觉的审美意识，美的创造活动就开始成为人们根据一定的审美理想、按照美的规律所进行的一种改造客观世界和主观世界的自觉实践活动。

美的创造活动，离不开一定的审美理想指导，而审美理想又是在人类欣赏美、创造美的审美实践中逐步形成的。因此，要进行美的创造，必须搞清审美理想以及人类欣赏美、创造美的关系。人的审美理想是在审美感受的基础上形成的人们对美的一种完善形态的憧憬和向往，是一种指向未来、指向人的审美前景的一种创造性想象的成果。它既是具体的、形象的，又蕴含着人的系统化的理性要求，体现着审美主体的内在固有尺度要求。审美理想一经形成，便会渗透于审美感受之中，对一定时代、一定民族和一定阶级的美的欣赏和创造起着指导和规范作用。审美理想对审美实践的指导作用主要体现在两个方面：第一，审美理想可帮助人们提高感受美、认识美的自觉性和能力，从而使人们能够及时、迅速、敏锐地发现和欣赏客观对象的美；第二，审美理想体现着人们进行美的创造的理想目标，激励着人们追求美、创造美的热忱，吸引着人们为创造更加美好的生活而斗争。

二、美的创造的基本条件

人们在进入一个具体的美的创造过程之前，应当首先具备一定的美的创造的基本条件。概括起来，有以下两个方面。

第一，我们必须有一个充满个性特征、符合社会发展规律的高尚审美理想。美的创作与审美理想的取向是分不开的，审美理想的本质和层次限制了审美创作的结果。在开始创作活动之前，人们总是想在脑海中呈现和构建实际物体的具体形象，这也是人与动物区别的主要标志。当这样的形象成为一种情感丰富的审美理想时，这种特殊的审美计划就会强烈地吸引人们去追求它。创造美的过程实际上是实现审美理想的过程。因此，审美理想的性质和水平就成为创造美的主要前提。审美理想是否依法确立，是否体现了崇高的目标，直接影响着审美创作的审美价值。《堂吉诃德》《哈姆莱特》《水浒传》《西游记》《红楼梦》等中外名著，由于体现了较高的审美理想，跨越民族、时代，具有永恒的价值。相反，一些小说、诗歌，由于没有富有个性特色的、高尚的审美理想，发表出来很快就失去艺术生命。更有甚者，作品所体现的审美理想与时代的进程格格不入，不符合社会发展规律，违背广大人民群众积极向上的审美理想，这样的作品必然遭到人民的唾弃。

第二，掌握美的创造的规律和创造美的技巧。具有了一定的审美理想，只是完成了美的创造的一方面准备，从审美理想到美的实体状态，要经过一个从主观到客观的艰苦实践过程，在这个实践过程中会遇到很多困难。因为从审美理想到审美客体的转化是一个十分复杂的过程。我国晋代陆机在《文赋》中就曾谈到文艺创造中的难题——“恒患意不称物，文不逮意。盖非知之难，能之难也。”刘勰也曾谈到“方其搦翰，气倍辞前；暨乎篇成，半折心始。何则？意翻空而易奇，言征实而难巧也”。陆机、刘勰之语都强调了从审美意象到艺术作品之间必须经过一个艰苦的创造过程。要把观念状态的审美理想物化为一定的艺术作品，必须懂得美的规律，要对自己所使用的物质材料的特性有足够的了解，并且要具备熟练驾驭这些材料进行对象化审美的能力。一个画家不仅要有高深的绘画理论，他还必须对线条、色彩的基本特点，比例、对称、协调的基本规律，以及一定的动手作画的基本技艺有良好的掌握，才能描绘出好的作品。否则，只能停留在空想的状态。

第二节　现实美的创造

现实美的领域非常宽广，在农村、城市、工业、采矿和学校地区都有广泛的存在，深入到社会生活的各个方面和无限的自然中，使人们总是受到现实之美的影响。因此，在研究美的创造的同时，我们不能忽视真正美的创造。只有这样，现实美的创造才能达到自觉的境界，减少自以为创造美而实为破坏美的活动，真正改善社会生活，促进社会进步。

一、现实美创造的意义

西方的美育教学一直重视艺术美的创造，忽视了真实美的创造，这显然是不够的。因为艺术之美的创造取决于人们创造的现实之美。此外，在某种意义上，创造艺术之美并不是审美创作的最终目的，艺术必须为现实服务。人类用心去创造艺术美的目的，不是为了建造虚幻的“空中楼阁”，而是希望它对现实中人的审美欣赏与创造活动有所帮助，起到美化生活的目的。

现实美创造的意义，概括起来有以下几个方面。

（一）现实美的创造是人类所进行的美的创造活动的首要领域

在人类有独立的审美意识之前，是没有独立的艺术美的创造的，但是史前艺术的成就告诉我们：人类在进行物质生产的同时已经创造出了大量具有较高审美价值的美的作品。有了这大量的“物质的”、实用的美的作品，才有了后来独立的、观赏的、精神形态的美的作品。

（二）现实美是艺术美诞生的基础和源泉

从文学、绘画、雕刻、音乐、舞蹈等主要艺术形式的起源来看，艺术美有赖于现实美，现实美是艺术美诞生的基础和源泉。我国汉代《毛诗序》曾谈到：“情动于中而形于言，言之不足故嗟叹之，嗟叹之不足故永歌之，永歌之不足，不知手之舞之足之蹈之也。”这里就直接谈到舞蹈、诗歌起源于人们生活中的审美之情。

我们回顾一下文学艺术史，无论是写实型、抒情型，还是象征型，任何文艺作品都是对生活中美的因素的肯定、歌颂，对生活中丑的因素的批判、否定。它们都有赖于创作者在生活实践中所形成的审美理想。从根本上说，各种艺术生产和艺术美创造，都是人类所创造的现实美的直接或间接的反映。可以说，没有现实美的创造做基础，就不可能有艺术美的创造。这一点，从美的时代性上能够最充分地体现出来。希腊雕刻的人体美，是对当时以健美的人体为美的时代风尚的反映。文艺复兴时候绘画的美，正是基于人们要求人性解放这一现实思潮的审美追求。欧洲批判现实主义文艺作品，表现了19世纪资本主义制度下人们对现实的仇恨，塑造的强者形象正是在当时现实条件下人们所寄予的理想。中国文学中的孙悟空、鲁智深，不也是生活中造反英雄的折射吗？

（三）现实生活中的美，与人们接触更直接，也更广泛

与艺术美相比，现实美不像艺术美那样集中，但现实美也有其无与伦比的优势。首先，现实美的领域更广，与人的交流更广、更直接。其次，对真正美的欣赏和创造不像对艺术美的认识和创造那样有限。对艺术美的评价必须从许多方面进行准备。艺术创作对大多数人来说是遥不可及的。

然而每个人却都可以在任何时间、任何地点欣赏和创造现实的美。

二、现实美创造的主要内容

现实美的创造领域无限广阔，哪里有人的生活，哪里就会有美的创造。高尔基曾说过："照天性来说，人都是艺术家。他无论在什么地方，总是希望把'美'带到他的生活中去。他希望自己不再是一个只会吃喝，只知道很愚蠢地、半机械地生孩子的动物。他已经在自己周围创造了被称为文化的第二自然。"现实美创造的主要内容有社会的美化和自然的美化。

（一）社会的美化

社会美是现实美的主要组成部分，它是人类劳动实践、阶级斗争和科学实验等实践活动的结晶。社会美的创造主要包括以下四个方面：

1. 生产产品的美化

人类生产实践的历史，是生产产品的不断美化的历史。人类所需要的基本生产工具，如石斧和生活用品，在很久以前就已创造出来。从某种意义上说，人类的历史就是这些基本工具与基本产品的衍生和美化的历史。社会的进步，使人们的审美水平不断提高，审美水平提高后的人们又不断更新和美化着自己的产品。

2. 人类生存环境的美化

环境的美化这里主要指物质的环境，包括劳动环境和居住等生活环境。人的劳动是创造美的活动，人的劳动环境就应该是美的。厂房周围、矿井附近，应该种花、植树，绿化环境，减少污染，消除噪音。随着我国治理"三废"工作的深入，现在越来越多的工矿企业劳动环境实现了美化。改革开放以来，绝大多数中国国民解决了温饱，开始走向小康，庭院、居室逐渐美化起来。城市的布局、乡村的建设也越来越审美化。例如，不少城市都将原来的实墙改为花墙，道路两边、院子内外有规则地栽植着各种花木，公园、绿地的建设也越来越受到重视。总之，人们所处的大、小环境正在逐渐美化着。

3. 造就美好的人

人的美是社会美的重要内容，因为人是社会生活的主体，既是审美对象，又是审美主体。每个人既要以美的形态呈现给社会，又要以美的心态、心灵去美化社会。造就美好的人，既要注重外表、形体、容貌、衣着、穿戴的美，更要注意行为、语言、心灵的美。

4. 追求理想的社会

社会制度是人类文化的重要组成部分，制度的合理、进步能够极大地促进社会物质文化和精神文化的发展。人类在创造物质财富的同时，也在不断追求着更为合理、更加文明进步的社会制度，有许多志士仁人走在时代的前列，与落后的势力进行了艰苦卓绝的斗争，如法国巴黎公社起义、俄国十月革命、中国的二万五千里长征等，不仅为人类创造了美好的社会制度，而且这个奋斗追求的过程本身就体现着辉煌的崇高美。

（二）自然的美化

美化自然，也是现实美创造的一个十分重要的方面。因为，大自然已不是孤立存在的自然，它已经越来越深入地成为人类生活的可亲的大环境。

自然的美化，其实质是自然的人化。无论是直接经过人类加工改造的自然，还是尚未加工甚至根本不可能直接改造的自然，随着人类认识自然、驾驭自然能力的不断增强，它们都开始和即将成为“人的生活和人的活动的一部分”，都在直接、间接地被人化着。作为对人的本质力量的肯定，随着人类驾驭自然能力的不断提高，越来越多的自然环境得到“合目的、合规律”的改造，呈现出前所未有的美。例如，把自然山水加工为风景名胜区，某些自然景观由于建筑的点缀、树碑刻石等活动而变为自然景观与人文景观融为一体的更美的景观。随着人类整体的不断进步，减少污染、扩大植被、美化大地、维护生态平衡越来越深入人心并被付诸实践。人们十分欣慰地看到过去的荒坡变成了绿林，越来越多的河流恢复了清澈，许多濒临灭绝的动物、植物得到了有效地保护……人类正以大自然主人的博大胸怀和长远眼光，自觉地保护和美化着自然。

三、现实美创造的基本规律——合目的性与合规律性的统一

现实美的创造，既要受人类在实践中获得的内在尺度的制约，又受客观物种尺度的制约，这就形成了现实美创造的基本规律——合目的性与合规律性的统一。

较之艺术美，现实美带有更直接、更强烈的实用性。现实生活中的实践对象，如果它对人类没有任何的功利价值，无论它怎样合乎比例，也是断然不美的。因此，现实美的创造者先追求符合主体的功利目的，满足人们的实用需求。好比人类要实现在水中行走的目的，就得千方百计制造筏、船，不管用什么形式，不管用什么材料，首先要达到这个目的。为了达到目的，人类就得认识、遵循规律，发现物种的尺度。黄金颜色好看，且极稳定，不生锈，但比重太大，且硬度较小，不适宜做船的材料。人类在实践中最早发现的是竹类、木类，它们的比重小，很容易在水上漂浮，于是最早的船是用木料制成的。木船下水，承载人、物，人类的这一活动既合目的，又合规律，因而是美的。当人类更进一步认识了物种的尺度，改用钢铁造船后，又实现了作战用的坚船，此时的木制战船便显得不是很美了。人类制作棉衣、种植水果蔬菜、养蜂养鸡等活动，都体现着合目的性与合规律性的统一。城市建设、公园设计、学校规划……这一切现实美的创造活动都不能背离这一规律，否则，结果就是不美的，甚至是丑的。

第八章　体育与美育教学

第一节　体育与美育教学

一、美育教学与体育的关系

美育教学的目标是心灵的健康，体育的目标是身体的健康。身心健康的两个方面是相互依存、相互促进和相互促进的。在古代，我国身体调理的方法强调培养自己的道德和本性。一个健康的精神肯定会促进一个健康的身体，一个高尚的精神生活肯定会促进身体各器官的调节，这更好地反映了身体和精神的辩证统一。健康状况不佳往往是精神健康状况不佳的结果。

正如人们常说的健美，体育所追求的目标在于身体健康，而健康就是一种美。体育运动所表现出来的勇敢精神、拼搏精神就是一种美。体育的精神美，正是美好的体育道德和高尚的风格。中国女排获取世界女排比赛三连冠和她们的拼搏精神就是美与体育的高度统一，她们不仅在体育运动中着意追求美的造型和高尚的精神之美，而且从美中获得了体育运动的情感和力量，因此许多运动员可称为美的追求者。许多著名的运动员在创造优异运动成绩之前，总要在场上听一段优美的音乐，一方面使心境平衡和谐，另一方面从中获取精神力量。体育运动本身就包含着美的因素。各种运动都表现着体态美和造型美。就拿体操来说，它是人体艺术，最能表现人体美。那舒展的手臂，那柔软的腰肢，那健美的双腿，那优美的体态，那健康的身躯都得以尽善尽美地表现，显出生命的活力，给人以美的享受。例如，体操、滑冰优美的造型，又伴之以优美的音乐，都体现着体育运动与音乐、舞蹈等美的艺术有着某种程度的融合。体育与美育教学有着密切的联系，对培养全面发展的社会主义新人起着重要作用。

（一）美育教学与体育的区别

1. 心灵塑造与体能培养

完善个体审美心理结构是美育教学的目标。通过审美感知力、想象力、理解力的培养，即通过审美能力的培养，审美趣味和审美理想的培养，以塑造情感和心灵。与美育教学注重人“心”的培养相对应，体育则重在人“身”的方面的锻炼，以促进个体的体格强健，体格的全面发展，提高对外界环境的适应能力和生存能力。

2. 审美形式与标准范型

由于美育教学重在心灵塑造，体育重在体能培养，因而，二者实施教育的媒介也必然有所差别。美育教学所凭借的媒介主要是现实和艺术中的审美因素，即各种各样的审美对象。体质教育所凭借的媒介与审美教育相比就不限于审美对象了，而是多样和宽泛的。体质教育通常把显示身体强壮美，精神饱满，精力充沛，以及在竞技中能充分发挥身体潜能等，具有示范性意义的整体形象作为实施体质教育的主要媒介。也就是说，体质教育的媒介是人体——包括人体的内部构造和外部形式。

还需要指出的是，美育教学媒介与体育媒介虽然不尽相同，但它们在一定程度上又是互相联系的，二者的媒介在外延上有重合的方面。但美育教学同体育目标不同，同是把人体的感性形象作为审美教育和体质教育的媒介或范本，任何美的人体都可以作为美育教学范本，而只有强健的身体才能作为体育范本。从教育媒介看，美育教学的媒介是审美形式，而体育教育的媒介则是标准范型。

3. 自由观照与意志操作

审美教育的方法和手段主要是为了培养和塑造人的意识。除了受教育者亲身参与审美活动外，他们还必须通过一些教育手段获得自由观照活动。在这方面，体质教育是不同的，它包括培养和发展人体，建立一个强大的身体和体育的功能。这是通过示范作用和自我身体操作来实现的。在审美教育中，虽然是一个动眼、一个动手，却可以殊途同归，达到审美心理结构的完善。

体质教育如果只动眼，不动手，不亲自去实行，永远达不到完善体质结构的目的。此外，在审美教育中，观照是一种形式自由的超功利主义意识，是情感激发下，感觉、想象、理解等一系列心理活动的产物。

（二）美育教学与体育的联系

1. 美育教学与体育有共同的根源，都起源于人类的生产劳动

现代体育是一个包含广大文化现象的复杂的功能实体，它有丰富的表现形态，对人类社会生活也具有多方面的价值。但归根结底，体育同人类自身的生产活动密切相关，同人类为生存和发展的实践需要而自觉地塑造理想的体质结构密切相关。如作为现代体育的基础要素的能力中，赛跑所需要的速度，跳高、跳远所需要的爆发力，体操所需要的灵巧，举重和投掷所需要的力量、技巧与准确度，马拉松所需要的耐力，集体项目所需要的节奏、默契配合等都可以在制造和使用工具的原始劳动中找到影子。当人类使用天然工具去打击猎物，挖掘草根、树根的时候，很自然就开始注意到自身对客观世界的适应能力，否则便会被淘汰。例如，手臂有力量便可以投得远、准确、快速，就能有力地打击猎物；腿部有力量、跑得快，便可以追捕猎物或迅速躲避野兽。可见，这时人们攀登、跑跳、投掷与人类的生存与发展是紧密联系的。但是由于生产力水平和科学文化水平的低下，人类自身要素的提高，主要以一种本能的形式出现，只能是体育萌芽的原始基础。随着实践的深化，人类使用的自然工具不断增多，操作工具的方式、姿势也随之多种多样化，并在生产实践中掌握越来越多的自然运动规律以及人体本身的活动规律，进而上升到运用这些规律来实现自己预期的目标。当人类能够用自身所掌握的规律去制造工具来实现自身的目的与需要，并在改造客观世界的实践过程中体现了自然规律与人的目的需要相统一时，美就诞生了。美就是在这种劳动形式中诞生并凝结在具体的生产之中的。既然美育教学与体育共源，无疑也凝结着体育的美。当这种体育美又被当作制造和使用工具的一种技能传授时，就产生了原始的教育。这种教育含有智力和体力方面的内容，是以一定的身体条件为前提的。因此，人类将更自觉地注意到自身的发展。一旦人类掌握了人体的活动规律，有意识、有目的地进行创造和提高自身素质的时候，原

生态的体育便相应出现。

现代体育是自觉地按照美的规律进行创造活动的。例如，现代竞技运动，实际上表现着人类征服自身生理极限，开发潜能的伟大目的。当选手自觉地运用掌握的规律和比赛的技巧，在竞争中达到这种目的时，便实现了自由，进入美的创造境界。

2. 体育的创造体现着按照美的规律造型

作为人类生产的组成部分，原始体育虽然与物质生活资料的生产是分不开的，但一旦形成却能够体现出它的相对独立性。那些接受过培训并逐渐脱离生产工作的人已经发展成为一种文化形式。作为美的客观存在，美有许多方面，以各种形式表现出来。通过理论和系统化，形成了一个体现不同价值的大型审美体系。体育美只是这个大家庭的一个分支，是体育领域的一种特殊的美，它以人体的特殊运动为创作和审美活动的对象。因此，总的来说，体育美是美在体育领域内的造型方式，是自由的形式的特殊化。

3. 体育的目的趋向于美

体育的目的是塑造理想的体质结构，这种理想的体质包含着人类征服自身生理极限、开发潜能、追求自由的崇高目的。当这种目的按照掌握了的规律去实践时，这本身就是一种创造的过程。它是合乎规律性与合乎目的性的统一，表现为完美的身体形态，并通过运动方式（造型力量）来实现；表现在竞技体育方面，是以身体对抗的方式使规律性与目的性相统一，让美的创造在公正竞争中实现；表现在学校体育教育方面，是通过直观的身体教育方式使受教育者掌握身体锻炼的技能，增强身体素质，接受美的陶冶，寓美育教学于体育之中；表现在大众体育方面，是以闲暇游戏方式，是合规律性与合目的性的统一，通过锻炼、运动在自由的情境中实现，直到身心俱佳的愉快体验——自由生命活动的体验，寓美感于体育活动中。

二、审美心理结构与体质结构

（一）体质结构是审美心理结构的物质基础

体质结构是人类生物性特征的直接现实，而心理结构则是作为生物机体一部分的人脑经过长期实践积淀下来的超生物性的心理建构。人类体质结构的发展和改善在审美心理结构的形成中具有十分重要的作用，并为人类心理结构的建构提供了物质基础。在这个物质基础上，经过长期的历史实践，终于积淀成人的文化——心理结构。这种文化——心理结构，是依存于大脑皮层生理结构的，并且前者的完善与发展，又总是引起后者的相应变化。可以说，正是后者经由实践的相应变化，才有了前者的完善与发展。审美心理结构作为整个心理结构的子系统，也同样有其生理或体质基础的。因此，从某种意义上说，作为心理结构组成部分的审美心理结构，属于人的体质结构，或者说，生理或体质结构是审美心理结构的物质基础。

（二）身体运动引起的生理感受是体质结构与审美心理结构的中介

人的体质结构存在和改善的方式主要是人体运动。人体运动必然引起一系列的生理感觉（主要是运动感）。人体的运动感发生在与运动分析器的接收、指导、投射有关的人体器官上，它为感觉器官提供信息，从而协调人体运动。随着人体运动在历史发展中的日益复杂，也必然产生日益复杂的生理感觉，并引起感觉的多样分化。分化的结果，使得大脑的生理结构和心理结构的基础日益完善。这样心理结构便完善与发展起来，这就是认知心理学派十分看重的通过运动进行心理建构的道理。

审美心理结构也是通过最初的运动的生理感觉而建构的，运动的生理感觉、情绪体验往往与审美心理结构中感知、想象、理解、情感诸要素不同比例地配合与关联。因此，对个体来说，运动所引起的生理感受是通向审美心理结构的桥梁。

运动感又同时以对物体行动动作的形式感作为产生通向审美感受的通路之一。因此，现代美育教学通常将运动感看作五官之外的感觉器官。

运动感所带来的审美情绪体验虽然是瞬间即逝的，但又是不容置疑的。运动中凭借视觉、动觉、平衡觉来辨别身体的时空位置引起的时空感，人体活动时出现的有规律的强弱、长短、张弛、急缓、高低、快慢等连续的时间进程又构成特定的节奏感，人体在运动的位移中距离急剧变化的物象映入视网膜引起的立体感，以及运动的合目的性产生意料之外和偶然的机缘之中所带来的惊奇感等，都在这稍纵即逝的瞬间成为参与构成审美情绪体验的重要因素。正因为如此，人的运动和人的运动感受便成为艺术（审美）经常表现的内容。

（三）审美心理结构对体质结构的不断完善具有控制作用

以情感为中心的多种心理功能的和谐活动对体质结构和身体运动形式的和谐的控制是审美心理结构对体质结构的控制的主要体现，这亦可视为外部形体动作的和谐受内部心理和谐的控制。审美心理结构好似施控者，通过神经传导通路对体质结构和身体运动形式实行控制，其结果就是健美。具体来说，就是使身体运动形式向整齐、对称、均衡、和谐、比例协调、层次分明以及节律规整的方向演进，从而使身体结构、生理节律和活动规律达到匀称和谐，以显示人的强壮、刚劲、有力、庄重。

三、体育美与人的精神文明的关系

体育美与人们的社会活动密切相关。它不仅是一种相对独立的社会现象，而且也是现代文明社会生活的基本和重要内容，更是人类文明不可分割的一部分。现代社会的体育不仅提供了丰富的精神食粮，而且在增强身体和延长寿命方面发挥着不可替代的作用。体育美可以有效净化心灵、陶冶情操、升华精神世界，还能够美化身体，使年轻一代成为新的社会支柱，以更加自觉和主动的方式重塑世界的目标，按照美的客观规律，推动人类文明进步。

（一）体育精神的内容

1. 体育精神的含义

体育精神是在体育运动基础上显现出来的一种特有的文化现象，是通过体育运动而形成并集中体现出人类力量、智慧与进取心理等最积极的意识的总和，是体育运动的最高级产物，是实现人的体育生命价值过程的重要环节与表现。体育精神是体育运动中的个人文化修养、心理品质、审美情趣、道德精神和价值观念等内在体育素养以外化的方式呈现于世。体育精神的魅力就在于能够使人在运动过程中产生强烈的意志力、鼓舞力、拼搏力、感染力和征服力。体育精神是人在体育运动中充分展现出来的生命力、凝聚力和创造力等自身的整体精神面貌，进而成为体育本身所特有的最高境界和最积极良好的教育因素。

体育精神表现在两个层面上：一是竞技体育层面上，就是奥林匹克精神“更快、更高、更强”的体现；另一层面就是体育文化意义上的精神。对于高校来说，所指的体育精神就是指体育文化意义上的精神。在学校的体育文化建设中，我们应该两手抓好：一方面加强体育的物质文化建设；另一方面要加强体育的精神文化建设，积极关注大学生体育精神的成长和体育道德的形成，以及人的灵魂的净化，使体育精神成为校园体育文化建设中的核心价值追求。

2. 体育精神的内容

体育精神是校园体育文化建设的核心内容，是校园体育文化的灵魂，更是校园体育文化的最高追求。它所展示的魅力正是学生在体育运动中所要达到的身心健康和精神愉悦的追求。它对校园的体育教学、管理、精神文明建设以及学生自我成长和人格的完善都具有极其重要的促进作用，也是弘扬中华体育精神和民族精神的重要途径。

体育精神的内容主要表现在如下几个方面。

（1）科学精神。体育是一门科学。体育的科学性充分体现在体育的运动训练、身体锻炼与活动、体育比赛和体育教学等各个方面，都必须按照体育规律和制度以及人体的生理发展规律来办事，不能乱搞、盲目进行，而是要从体育的科学性和遵循体育的规律、遵守体育的规则，以及各个体育项目所特有的运动规律等方面来科学、认真地加以客观分析与研究，并制订相应的符合人体发展规律的科学计划。对那些符合时代发展需要的先进的体育文化本质和促进体育文化发展的校园体育活动，学校应该积极地挖掘、总结、归纳和推广，加大宣传力度，使之成为构筑校园体育文化与校园体育精神的主旋律。

（2）公平竞争精神。公平竞争是所有体育竞赛活动中最为根本的表现形式，也是体育精神的一个显著特征。体育竞赛是在公平基础上进行的竞争与比赛，每一个参赛人都要按照公平的规则进行竞赛，人人平等，没有特权，这是体育竞争公平性的体现。公平竞争的体育精神主要有两个方面的内容：一是指敢于竞争，不畏强者，积极进取，拼搏争胜，充分展示自己能力的优秀品质；二是指在“公平、公正、公开”的体育竞赛的行为规范中，积极坚持这种行为规范所表现出来的良好文明体育道德品质。

（3）顽强的意志和拼搏精神。在体育竞技中，竞赛其实就是向自身极限的挑战，每一个人在向自身极限冲击的过程中要面临的不仅仅是非凡的体能、耐力与体力的考验，更重要的是在向自身极限的抗争中所表现出来的吃苦耐劳、坚忍不拔、不气馁、不怕失败的顽强意志和拼搏进取的精神。在每一次竞技运动中，参与者都需要在消耗大量的体力与心力的基础上，不断地战胜各种内外干扰和困难，并依靠顽强的意志品质和勇于拼搏进取的精神，才能经得起高负荷、高强度竞争所带来的输赢考验，进而达到实现自我、超越自我的更高、更强的运动目标。

（4）争先创优精神。“更快、更高、更强”的现代奥林匹克精神，充分展示了体育争先创优的精神实质。我们知道，任何形式的竞技体育都要经受输与赢、先与后、成功与失败等方面的考验。每个参与者都希望在竞技过程获得胜利与成功，这就需要参赛者必须付出最大的体力、耐力和心力，消耗极大的身心力量去战胜自己和他人。在拼搏竞争中不仅要争先，更要在争先中取得更好的成绩与创造最佳成绩。

（5）团结合作精神。体育运动一方面体现在个人行为上，另一方面体现在团队的合作上。任何形式的体育运动都积极倡导个性的张扬与集体的团结合作。这种团队的合作与集体主义精神正是体育精神所强调的。在体育运动发展的今天，任何体育项目都不是个人的表现而是团队的合作展现。个人单项运动表面上是个人的行为表现，但其背后若是没有强大团队合作给予支持与帮助是不会取得好成绩的。特别是团队项目运动，要想获取好成绩，不但需要运动员个人展示其能力与良好的竞技运动水平，更需要队员之间的默契配合与团队的支持与鼓励，融小我于大家之中，向共同的目标努力奋斗。

（6）遵守规则与道德的精神。在体育比赛和体育活动中，公平竞赛、公开竞争都必须在一定的规则和规程中进行，遵守规则、遵守体育道德、尊重对手和尊重裁判是体育运动的基本要求。运动员必须在规则内进行比赛，并要服从裁判员的判罚。对于运动员在遵守规则的前提下所表现出来的体育精神面貌和良好的体育道德行为，以及所创造出来的运动佳绩，便是体育精神的展示与应有的特征，更是奥林匹克精神的再现，并会受到观众的普遍赞扬与好评。

（7）健康第一的价值观念。对于体育运动来说，人的身心健康和谐发展的统一是体育精神在最高层次上的追求。体育运动的激情与精神，不仅仅是改造身体，提高生命有机体的质量，达到“健身”目的，更主要的是展示体育文化对生命力的发展，去获得精神上的愉悦、心灵上的自由、道德情趣的提高和生命能力的展现，达到“育心”与“养德”目的，进而实现“健身、育心、养德”三位一体的身心健康和谐的统一。这种身心健康和谐统一的生命价值观，正是体育精神对人发展的深刻内涵的解释。

（二）体育运动中的美与人的精神关系

1. 意志美

意志美是指在比赛中，自觉地确定目标，在目的的支配下，调节自己的行动，克服各种困难，从而实现目标的心理活动过程中呈现的美。

（1）培养个体意志服从整体纪律和道德规范。体育比赛不仅是体能、技能、战术的对抗，也是运动员的道德品质和自身修养的较量。它要求必须有一个共同遵守的纪律，即比赛规则。它对运动员来讲是最起码的要求，它鞭策运动员既要勇于进取，创造优异成绩，又要自觉遵守比赛规则，同时还要有鲜明的个性特点。我国运动员在这方面曾受到国际友人的高度评价，所以运动员要时时处处严于律己、宽以待人，培养文明、高尚的情操美。

（2）尊重对手是运动员应有的道德美。体育比赛既是体力、智慧、技术、战术的角逐，又是精神、意志、思想和作风的竞争。在比赛中，不仅要迫使参赛双方最大限度地展现出各种精湛的技术、高度化的对抗，又将在瞬息万变的动态中，充分显示彼此的敏锐机智、阳刚坚毅和道德风貌之美，尤其是那些直接对抗性的项目。通过体育比赛，运动双方一方面可以互通有无、取长补短、切磋技艺、共同进步；另一方面应做到打不还手、骂不还口，通过借鉴对方行之有效的方法来充实自己，完善自己，以技艺战术之美取胜。

（3）服从裁判是风尚美的重要内容。裁判工作的顺利进行和圆满完成与运动员的默契配合、支持和理解是分不开的，在运动竞赛中直接表现出来的就是尊重和服从裁判。应该看到，体育比赛中身体发生直接接触的场面是常有的，复杂情况也是常有的，而裁判员面对激烈竞争的场面，漏判、错判在所难免。运动员可以按照规则说明情况和提出建议，但不宜当场拒不执行。

（4）服从教练的指挥是意志品质美的重要内容之一。教练的水平、能力都将从竞赛中的运动员身上得到完整的体现，他们好比教练员的镜子。教练员的呕心沥血是为了使运动员能顽强拼搏、坚韧不拔、百折不挠、越战越勇，从而获得最后的胜利。尊重和理解教练强调的是尊重教练的人格，理解教练的意图，尊重教练的行动，理解教练的责任。在此基础上，运动员执行教练的比赛计划时，要充分发挥主观能动性，创造性地完成比赛计划，在教练的指挥下圆满完成比赛任务。

（5）尊重观众是保证比赛顺利进行的重要条件，也是运动员应有的道德情操之美。观众作为体育文明的重要组成部分，也是体育审美的评判者，情绪虽然往往倾向于弱队或主队，但有一点是共同的，那就是赞扬道德高尚者，谴责道德卑劣者。在竞技比赛中有时会遇到观众起哄、闹事，对此运动员要保持清醒冷静的头脑，要立足于尊重观众。人们在观看比赛时，看到运动员良好的思想作风也是一种美的享受。

2. 协同美

协同美是指在体育比赛中，良好的人际关系是群体团结、心理稳定和气氛融洽的基础，能发掘更大的潜在意识和创造精神，以取得最佳比赛效益。群体的协同正是真与善、合规律性与合目的性的统一。

（1）文武关系的协同。它是指文能达意、武能夺冠，即文武并重。参加国际比赛，进行文化交流，运动员既是竞技者，又是祖国人民的使者，东道主的客人。人们称运动员为“没有外交头衔的外交官”。运动员应该学习体育技术、技能知识、演讲知识、国际知识、地理知识和外交礼仪等，使语言表达生动幽默、洪亮清晰、简洁精练；要仪表端庄、服装整洁、态度和蔼、举止得体、风度潇洒、体魄健美，以达到内在美和外在美的统一。

（2）动静关系的协同。竞赛中的动就是活力之美，是生机勃勃的生命力的充分展现。动静是运动竞赛中的两种状态，这两种状态相互交替，相互转化，动中有静，静中有动，显现出人体动态系统内部两个系统之间的协同作用。运动员应培养该动则动、该静则静、顽强拼搏、积极进取、团结协作的精神风貌。

（3）进退关系的协同。要求运动员在思想上有政治敏锐性，做到进退有序，热情洋溢，加强判断真善美的能力，具备正确的思维方法；在心理上教练员要引导和促进每个队员进行自我心理平衡；业务方面，要求专业能力强、知识面宽，提倡运动员之间要充分尊重对方，寻找最大相容点，排除不必要的人为障碍；运动员进退场要有秩序、有礼貌，谈吐得体，以达到人际吸引的良好效应。

（4）胜负关系协同。体育比赛必然有胜负之分，因此如何对待胜负问题，是对运动员协同美的考验，运动员在这个问题上应做到胜不骄，败不馁。胜不骄是运动竞技风度美的灵魂。胜利只能说明过去，而说明不了将来。争冠军、夺金牌，为国争光，这是运动员的光荣职责和为之奋斗的目标。现实生活中存在的一个严肃的重要问题是如何对待胜利。要做到不因胜利而骄傲自满，不因失败而气馁丧志，这才是一个运动员对待胜负的正确态度。但是往往有少数运动员在获得胜利之后，潜伏着消极的因素：有的运动员以成绩为“资本”提出物质生活上的过高要求，达不到目的就闹情绪；有的运动员背着沉重的包袱上赛场，怕输求稳，结果赛不出水平；有的运动员出了成绩首先关心的是奖金的多少。运动员要做到胜不骄，要为体育事业和国家的声誉而拼搏，这不仅锤炼了运动员的意志，而且陶冶了运动员的心灵；不仅为人们创造了崇高的典范，而且鼓舞着人们去创造更美好的人生。

败不馁是运动竞技人际交往风度美的实质。运动竞技中胜败结果是必然要发生的，是频繁发生的。正因为“胜败乃兵家常事”，运动员既要能享受胜利的喜悦，又要经得起失败的考验。比赛失利、成绩不理想、观众埋怨、裁判偏袒、教练责怪等都是导致运动员灰心丧气、一蹶不振的原因。所以，只有正确对待失败，才能激励运动员去总结经验，重整旗鼓；才能砥砺运动员的意志，激发运动员奋发图强。俗话说：“人生逆流，十有八九。”正确认识挫折原因，掌握制胜规律是一个运动员健康成长必不可少的优良品质。

3. 心灵美

心灵美是指人的内心境界中的思想、道德和情操上的美。体育中的心灵美，主要是以体育中的精神文明来体现的。这种教育主要是通过具体的、活生生的、健康文明的人体运动和与其直接表现出来的文明精神来使学生从运动员的外在行为上获得美的启发，感情上产生符合美的变化，进而得到精神上的丰富和心灵的陶冶。这种具体可感染的教育形式，从形象思维中所获得的美的教育，与那种从逻辑思维中所获得的既有理想又有现实的道德教育相比，是有一定差别的。

综上所述，美育教学与体育的关系是相辅相成的。可以看出，审美教育在整个教育中的特殊意义。因此，我们应该给美育教学一定的地位，将美育教学同社会主义思想教育和其他教育结合起来，逐步营造一个多方面重视美育教学的生动局面。

第二节　体育美的本质及表现形态

一、体育美的本质

美的本质是人在社会实践中的本质力量的感性表达，反映了人与整个客观世界的审美关系。运动美的本质是人在运动实践的某一特定领域的基本力量的感性表达，它反映了人与运动之间的审美关系。由于体育美是以人为对象、以运动作为表达的主要方式，因此，可以说体育是一个人内在力量的直接表达和展示，是人的本质力量在自身的“复现”和“确证”。

人的本质力量不是凭空产生的，而是在以生产劳动为基础的各种社会实践中形成和发展起来，并在实践中得到充分表现和发挥，从而成为改造世界的强大力量。人作为自由创造的主体，不仅努力改造客观世界，更注重改造主观世界。人不但通过生产劳动来改造自己，而且也通过其他社会实践活动包括体育运动这种专门的实践活动，来改造、发展自己的体力和智力、生存力和生命力，不断充实和丰富自己的本质，以适应改造客观世界的需要。因此，从实质上讲，体育运动和物质生产劳动及其他社会实践活动一样，也是对人的本质力量的一种锻炼。所不同的是体育运动借助的是特殊的物质手段和独特的活动方式，它的“产品”直接就是人的身体——体质的增强，身心协调发展，运动成绩的提高……所谓体质的增强，绝不仅仅是发达的肌肉和健全的内脏器官，同时也包括意志力、想象力、创造力等各种精神力量和智慧力量，正是这种种要素构成了人的本质力量。

理解体育美的本质，应注意把握以下几点。

（1）和其他美一样，体育美也是一种社会现象，是社会历史发展的产物。它既不是纯客观的，也不是主观感情的外射。

（2）人的本质力量对象化是体育美的最深刻根源。人的本质力量包括肉体和精神两个方面，即人的感觉力、思维力、意志力、想象力、创造力以及体力、技能、理想、智慧、情感、兴趣等。它们通过体育运动实践在“产品”（健美的人体，各项运动成绩……）中体现出来，得到“复现”和“确证”，从而引起运动者和观众欢欣愉悦的情感。显然，没有人的本质力量对象化，就谈不上体育美。

（3）人的本质力量对象化并不都表现为体育美。人的本质力量只有通过体育运动实践，以感性的（生动可感的）形式显现出来（如一套优美的艺术体操，一场精彩的体育比赛，一种高超的技术、战术等），并能得到运动者和欣赏者的观照，引起情感上的愉悦，才表现为体育美。

由此不难理解，为什么人们在欣赏体育比赛或表演时能为之动情。因为在体育比赛或表演中，运动员通过人体运动的各种形式及其组合，感性地显现了人的本质力量，显示了人的智慧、坚毅、技巧、创造力、生命力，因而，人们“从他所创造的世界中直观自身”，从而引起喜悦，获得精神上的满足、美的享受、情感的升华和理性的启迪。对于登山运动员来讲，每登上一个新的高度，都标志着人类征服自然的能力达到一个新的水平，显示了人的力量和智慧。虽然你没有去登山，但却受到了极大的鼓舞和感染。正因为如此，我们才感到女排姑娘临危不乱、遇胜不骄、顽强拼搏的场景是美的；艺术体操、冰上芭蕾轻盈的体态、优雅的舞姿、动人的旋律是美的；登山健儿傲冰雪、战严寒的一往无前的攀登精神是美的；女子足球刚健敏捷、英姿飒爽也是美的。因为不同的运动项目有不同的审美特征，有的属壮烈之美，有的属优柔之美。虽然表征不同，但是它们都是人的本质力量在自身的形象体现，都是自由创造的积极成果，因而都是美的。

二、体育美的特征

（一）客观性

体育美是人类社会生活中普遍存在的客观现象，是人类运动中美的特殊反映。作为一种客观存在，体育这种客观性存在于体育的物质性中。人首先是长期自然发展的产物，然后是社会的产物。它既有自然属性，也有社会属性，是一个客观的现实。它以自然和社会的形式体现了它的客观性。就自然形态而论，人是万物之灵，人体乃是造化之巅，集自然界中美的大成，它完美和谐，富有生机和力量，是整个大自然存在的一个最精巧的缩影，是人体运动美的自然基础，也是客观存在作用于自身运动作为审美对象的主体。通过有规律、有创造能力的主体和客体的二元性，也就是自然美的客观性，人们致力于改变人体的美，发展人体的美和运动。在身体美和运动美概念的实践中，渗透着社会美的性质，体现了其社会的客观存在性。没有人类社会的客观性，就不可能创造和发展体育运动的美。

就其创造形式而言，作为自然界高级生物的人，其身体可以呈现自然美；经过人的能动改造，注入社会的因素、审美意识，创造出作为审美对象的运动形式。这种立体的自觉创造力，物化在客体的形象化里，反映了由客体的规律性变为主体的目的性，凝结为新的、美的形象性的过程，也是不以人的意志为转移的客观实践过程。因此，这也规定了它的社会性。

（二）社会性

社会是人类以一定的物质生产活动为基础而组织起来的相互联系的有机系统。体育美，是在这个有机系统中产生和发展的子要素，具体表现在以下几方面：

其一，人是社会的产物，而体育美则是人类社会需要的产物，是人类特有的进化过程中不可缺少的一种催化剂，脱离了社会，体育美的萌芽和产生也是不可能的。它的产生和发展，就成为社会物质文化生活中不可缺少的一部分，成为社会文化的一颗明珠。

其二，体育美是社会实践的产物，是人们能动创造的结果。人在体育活动时的社会性，表现为其行为总是在一定的思想指导下的有意识的自觉活动，是按照一定的目的去创造理想的、全面发展的人体活动。这是人的自觉能动性的表现，这种内控因素是动物所不具备的，是人与动物相区别的重要标志。从这个意义上说，体育的目的性具有鲜明的社会性。

其三，人的本质是社会性。人们进行任何体育活动都不是单个孤立地进行，要以一定的社会条件为背景，通过社会群体活动来达到增强体质的目的，以建立人类社会生活和精神生活的良好基础，使身体活动社会化、完美化，并将这种实现了的形式，通过社会教育等途径延续和发展下去。

其四，人类共同创造了体育美，所以，从形成美的价值到完成社会功利的过程，首先是民族的、国家的、整个社会的。

（三）形象性

各项体育竞赛总是以生动多变的、优美的形象展现在观赏者的面前，表现为富有感染力的生动形象。在竞技中这种形象就是运动员。真、善、美只有通过人体运动过程中的造型形式形象化地反映出来，并通过一定的时空表现出来。这种表现形式就是体育美。

体育造型的力量不仅融力与美、健与美于人体，使之完美化、规范化、形象化，同时在体育美与艺术美的结合下，以物态化的形象塑造出无数反映人体美的杰出艺术精品，如雕塑、绘画等。现代体育美育教学中，通过典型示范的方式，用体育艺术品、声像、影视等科学手段，对运动员、学生、群众传技艺、授美育教学，有效地提高了人们的运动技术、战术水平和审美能力。

（四）象征性

体育美的象征性，是以运动员的个体或集体的体育造型形象，表现出人类对理想的憧憬。现代奥运会、亚运会、全运会中，一个重要的内容是精心编排了各种类型的歌舞、团体操，用群众的智慧进行巧妙的排列，展示着内容丰富的各种形象、图案：有的象征着“更高、更快、更强”的奥运会精神；有的象征着体育的崇高性；有的象征着本民族的拼搏、进取精神；有的象征着团结友好的精神以及严明的纪律、高尚的体育道德情操等。

（五）独创性

体育美总是通过其生动性、多样性、形象性、象征性来表现自身的存在和自身的独创品格，并且使审美主体和客体产生浓郁的美感，激励人们更高的体育热忱，去创造更高的审美价值。在体育表演或比赛中，其佼佼者无不以一种崭新的高难技术、技巧，优美的姿态展示自己，吸引着人们，从而博得裁判、观众的好评。

三、体育美的形态

体育美在表现人的自然本质时，是以身体素质、技术动作、战术、造型等物化手段以及人体的匀称和谐、对称的物质形态，按照美的规律造型所呈现的美。

（一）身体素质美

人类的身体是有生命的活体，它能显示出自然结构美和精神活力美，它是由各种要素综合构成的，主要包括体态美、体型美、健康美、素质美。

1. 体态美

它是指人的形体和姿势美，就是通过体育运动使人的身体形态，控制骨骼和肌肉的发育，表现在比例、匀称、和谐和线条上的完善程度。人的身体形态，一般来说，是受获得性遗传控制的，但体育运动能够改善和加以控制，并使之完善。

2. 体型美

即身体结构的类型。体型的美丑主要是由遗传因素和环境、饮食、身体骨骼比例关系、脂肪积蓄多少和肌肉发育程度所决定的。因此，体型不是一成不变的，体育运动可以调节和建造优美的体型。

3. 健康美

健康美是身体生理机能正常，无缺陷和疾病，同时由于身体机能的完善，显示出一种良好的精神状态。身体健康状况受制于各种因素，但毫无疑问，体育运动是塑造健康体格、体能和生命力的重要因素。体育美育教学所讲的健康美，就是体育运动带来的体格强壮，无疾病和良好的精神状况相协调的美的形态。健康美包含着体育运动所追求的目的，包含着人对自己生命价值的肯定，是人类理想追寻的目标，同时又具有一系列的感性规定，构成审美对象，引起人们的审美评价。健康美不能等同于作为运动项目的健美，它是身体全面发展的外部标准。

4. 素质美

素质是对力量、速度、柔韧、灵敏而言，素质美是以特殊形式存在于身体美之中，它不像身体美其他要素那样直观，而是通过体育运动和生活技能表现出来。在一定意义上可以理解为潜藏在人身体内部的美的形式和力量。在素质美各要素中，力量美即爆发力、耐久力，占有突出地位；速度美是表现身体进行快速运动的能力；柔韧是通过身体关节、韧带、肌腱及皮肤等，在伸展过程中表现出的曲线变化；灵敏是身体在运动中迅速改变时空关系的能力和运动竞技中表现的应变能力。

（二）技术战术美

运动之美寓于体育技术之中。运动技术是充分发挥人的机体能力，合理有效地完成动作的方法。技术之美，就在“合理、有效”之中。技术美就是运动技术在运动过程中发挥的完美程度。在体育运动中，发挥人的机体能力的方法越合理有效，完美程度就越高，运动技术的审美价值就越大。当然，“合理、有效”也是相对的，因为运动技术是随着实践的不断发展而变化和日臻完善的。运动技术之所以能给人以美感，因为运动技术是人们在体育领域里所进行的一项巨大的创造性活动，是人们利用已获得的知识和能力作用于天然自然和人工自然或运动员自身系统的过程，是真善美的统一。这进一步说明了技术既是人类向自然显示自身力量的过程，又是向自身挑战的过程，是人类本质力量的体现。这就是运动技术美的主要源泉。

运动技术美主要体现在运动技术动作的要素之中，即技术结构、技术流程与力量的统一要素，恰当流动的韵律要素，技术的力量与竞技者力的要素，以及同技术内容相适应的要素。以上各种要素构成了技术的形式美，即从整体技术的角度看到技巧美；从部分技术的角度看到统一美、韵律美、力量美及适度美。所以说，技术美是人的运动技术水平以及体态美、素质美、动作造型美的综合体现，也就是体育动作中健美体型的充分展示和运动技术素质的有力发挥，表现在干净、利索、准确、优美的体育运动完成过程中。技术美的特点就是准确性、协调性、连贯性、优美的节奏感。

战术美是在复杂多变的体育竞赛中，充分发挥运动员的素质和技术特点，在争取胜利中体现出来的一种美。战术在体育激烈的对抗竞争中，被称为发挥技术的先导、驾驭比赛的灵魂，是夺取胜利的法宝，也是衡量运动员训练水平高低的重要标准，又是反映运动员的知识、技术、心理、智力因素的综合指标。所以战术美也是运动美的要素之一。运动战术美的根源在于运动员要根据比赛双方的情况，正确地分配力量，采取合理的行动，发挥己方的特长，限制对方的优势，是夺取比赛胜利的一种艺术。技术是战术的基础，又是战术的表现形式，全面熟练、准确实用的技术是实现战术的先决条件。战术之美又是战术意识的体现，是战术意识的创造之美。战术美集中表现在对抗项目中限制与反限制、发挥与反发挥、制约与反制约之中。战术美的实质是：扬我之长，避己之短，避实就虚，灵活多变，为我所用。

（三）技术风格美

技术风格美是在体育运动中体现运动员或运动队的技术、战术的特点和特长之美，其实质是技术的个性之美。世界上各种事物的运动之所以显示出千差万别的复杂情况，正是因为事物内部的矛盾各有其特殊本质。一种技术风格的形成，都是通过内部矛盾发展变化而成的。运动队或队员的技术风格，不只是外部表现，也是内在因素的反映。正是他们分别根据自己的特点和条件创造了与众不同的风格，才构成自己独特的风格之美。条件对于树立独特的技术风格是很重要的，它可分为有利的和不利的。风格的独特性往往是在不同的条件下形成和发展起来的，因此变不利条件为有利条件常常是提高水平、赛出成绩、树立技术风格的关键。有了特殊条件，也就有了特点，但只有特点还不能构成技术风格美，必须使特点发挥到具有超过对手、制胜对手的能力，使它向风格上做一个能动的飞跃才是风格美。所以说，风格美也是运动者的一种独特的创造，它是一种技术的个性之美。例如，我国的乒乓球运动在 20 世纪 50 年代开始走向世界时就形成了自己的风格。当时，我国直拍技术风格的形成就是融汇了国内外的先进技术，逐渐形成了我国直拍的“快、狠、准、多、变”的技术风格。

在运动中之所以能表现出技术风格之美，是因为比赛都有一定的规则，但规则限制不是死的，运动员可以在不违反规则的前提下，施展各种各样的技术，这就在客观上提供了依据自己的特长去创造表现自己独特技术风格美的机会。由于事物矛盾的复杂性，运动中的技术风格也是多种多样的。每个民族、国家、地区的运动员都有其特殊的精神风貌和民族气质，这种风貌和气质必然会表现在运动员的技术风格之中，这也使体育运动风格之美呈现出民族特性。欧洲人踢球讲究力量、速度、凶狠、勇猛，故有其粗犷的技术风格之美；而南美人踢球讲究技巧配合，故有细腻的技术风格之美。不同技术风格由于积淀着不同民族的文化传统、性格、审美心理等因素，所以呈现出来的风格之美也是多样的。

第三节　体育的审美创造

一、体育审美创造的尺度

如何才能创造出美的形体、美的运动技术和战术呢？或者说，创造什么样的形体、运动技术和战术才算美呢？要回答这个问题，就必须探讨体育审美创造的尺度。

马克思在《1844年经济学哲学手稿》中指出，动物只是按照它所属的那个种的尺度和需要来建造，而人却懂得按照任何一个种的尺度来进行生产，并且懂得怎样处处都把内在的尺度运用到对象上去，因此，人也应该按照美的规律来建造。马克思在这里所说的“内在的尺度”，是指人的尺度，即人的目的和需要。体育审美创造的尺度正是这个尺度，即合乎人的要求与目的。

体育的审美创造源于它能够反映人们的某些愿望和需要。马斯洛是美国的行为学家，他认为人类的需求可分为五个层次，分别是生理需要、安全需要、社会需要、尊重的需要和自我实现的需要。在原始社会时期，鉴于生产率低下，人类的需要非常简单，只是为了生存下来。为此，原始人学会了跳跃、投掷、攀登、游泳等基本技能，但这些技能隐藏着体育美的简单因素，因为此时真正意义上的体育还没有培养出来。社会的进一步发展，带来的是生产力的改善，人们产生了享受的需要，体育逐渐从劳动中分离出来，成为一种独立的社会活动。这时体育活动已不仅能满足人们的生存需要，而且还能满足人们的享受需要。随着生产力的不断提高，人的需要的递进，体育的审美创造也在不断扩展。

体育审美创造的合乎人的目的和需要的尺度。从审美主体看，正是人们享受的需要，即人们不断增长的精神文明的需要，从而成为人们体育审美创造的尺度。例如，随着现代社会的文明进步，人们产生了创造以“健”与“力”为基础的追求更美的人体美的需要，此时健与美相结合便成为人体美创造的尺度。

体育审美创造的合乎人的目的和需要的尺度。从审美客体来看，为了满足体育运动发展的需要，现代化的场地，器材和设施，如塑胶跑道、人造草皮、海绵垫等逐渐被创造出来。又如为了满足人们的某种目的和需要，各种各样的运动服装也随之被设计出来。摔跤服为免受撕破，因而坚韧；登山服为御寒，有意加厚；游泳衣要克服阻力，因此短小等。可见，一切与运动有关、为运动服务的物质手段，必须首先合乎社会的功利目的，能满足人们的审美需要。

综上所述，体育审美的尺度在于符合人类的需要和目的，其合乎目的性是人类体育审美创造的动力，推动着人类不断进行审美创造，使体育从低级形态逐渐向高级形态发展。

二、体育审美创造的规律

体育审美创造尺度在于满足人的某种需要和目的，而实现这一需要和目的的行为和过程，不是杂乱无章、盲目自发的，而是体育运动的主体——人有目的、有意识、自觉地按一定的客观现实的规定进行主体性创造活动的结果。也就是说，在创造活动中，人作为体育审美创造的主体是有规律可循的。

体育审美创造的规律是客观存在的。人作为体育运动的实体，为了满足一定需要和目的，在进行体育运动过程中，总是按照自己的审美意识和审美情趣，去创造自身认为是美的有利于实现自己享受目的的技术构成和战术构成。因此，从整体上看，凡是有人群在进行体育运动的地方，体育审美创造规律就随之存在。它正是体育美育教学研究的对象和内容之一。

体育美作为体育运动的自由形式，是创造主体实践本质的对象化，包含着现实体育运动发展的本质规律和理想的具体形象。因此，体育审美创造规律是在主体参与的情况下实现的，是主体的本质力量的对象化过程中所形成的支配审美活动的规律。

创造主体的实践活动与体育运动的客观实践相一致形成了体育审美创造规律的发生和实现。在实现主体的目的和需要过程中，体育审美创造的规律的发生和实现表现为对体育美的本质、内容、形式以及具体体育美的形态的概括和反映，表现在对体育美的价值评价，表现为体育的审美意识和审美特征的研究探索。总之，全面反映在人作为主体的审美活动中。

综上所述，体育审美创造规律是在体育运动实践中发生和发展、为实现某种目的的、有意识的活动。可见，这一规律反映了主体、实践和客体现实之间的内在本质联系，是体育运动特有的规律，是重要的体育美育教学原则。

三、不同形态的体育审美特性

（一）群众体育的审美特点

1. 具有较强的自我意识特点

除军队体育外，在群众运动中，所有参与者都是自愿的。它既不像竞技体育那样存在着激烈的竞争和为运动成绩的提高而付出超人类极限的艰苦训练，又不像学校体育那样是国家规定的、非自愿的、有计划的必修课，也不像竞赛项目那样受规则的限制。它不追求高水平，也不追求创纪录，几乎是随心所欲，按个人的兴趣、爱好和需要去进行、去选择、去寻求适合自己的体育活动内容和方法。因此，对群众体育的审美评价在整体上受到参与者自我意识的影响，具有强烈的自我意识。

2. 具有很强的个人功利特点

群众体育是社会各界各类人员自愿参加的体育活动。一般来说，参加者个人的目的性很强，个人的动机十分强烈，或为自身的健康，或为自身祛病强体，或为达到某一个愿望，等等。它不像学校体育那样是为增强青少年的体质，提高健康水平，使学生学会后终身受益，又不像竞技体育那样除了运动员自己提高技术素质，还给广大观众带来业余文化生活的精神享受。它完全是个人行为，带有很强的个人功利性。

3. 具有随时代不断变化的特点

人们的社会生活是随着经济的发展和观念的改变而不断发生变化的。因此，人们对不同历史时期体育活动的内容、接受的程度、体育美的认识就不尽相同。历史的发展造就了不同时期人们不同的体育活动内容。群众体育审美的特性总是在不断地发生变化的。

4. 具有很明显的区域性特点

由于区域的不同，人们对审美的评价亦不同，所欣赏的体育项目及参加的体育活动亦不尽相同。如新疆、内蒙古等少数民族聚集地盛行马背上的体育活动和摔跤、舞蹈，而太极拳就十分鲜见了。东北黑龙江地区盛行滑冰、滑雪等体育活动，而广东、广西群众参加龙舟比赛的热情却十分高涨。人们的体育活动受区域文化和生活习惯的影响，也受自然环境的制约，从而使局部地区对群众体育的审美评价和内容不尽相同。

5. 具有很强的休闲性特点

随着科学和文化的发展，体力劳动已经转变成为一项科学化的操作，而人们的业余时间越来越多。人民的生活不再只是吃饭、穿衣、工作，渐渐开始进行健康的运动，组织娱乐活动，充实闲暇时间。因此，休闲体育成了最受欢迎的大规模运动之一。当人们从事休闲活动时，他们会选择自己喜欢的活动，通过科学的休闲活动来缓解紧张和疲劳，为了实现身心健康的目的，他们享受各种美好的事物，追求一种美的享受。例如，这些年兴起的钓鱼、游泳、跳交谊舞等，就是一些休闲式的体育活动。

（二）学校体育的审美特点

1. 对身体健康美的认识是学校体育审美教育最突出的特点

学校体育教学的目的与任务之一是增强体质，促进学生身体各部分发育和机能的提高，掌握体育基本知识、技能和科学的锻炼方法，养成锻炼的习惯。此外，学校体育更重要的是通过体育活动，使学生学会发现和欣赏自己身体所显现出来的健康美、体型美、姿态美和动作美。其最突出的特点就是培养他们从小就形成对健美的体格、端正的姿态、轻捷矫健的动作等所展现出来的美的认识和追求。

2. 心灵美的体育审美教育与学校思想品德教育相一致

人是不同于一般动物的有思想的高级动物。人在长期发展过程中，已形成了人类社会所共有的许多高尚的思想品德。学校是培养人高尚品德的场所之一，而体育活动又时时显现出顽强拼搏、公平竞争，具有荣誉感、集体主义等思想品德方面的心灵美，这正是学校体育审美教育的主要任务，也是学校体育教学本身所具有的特点，更是学校德育的一个重要方面，是学校教育贯彻始终的内容之一。

3. 教师对体育美的认识和修养程度对学生有重要的影响

教师在教学中起着主导作用。体育教学中体育教师自身对体育美的认识和修养程度直接影响着学生。例如，示范动作，是做得优美标准，还是勉强凑合，从直观上就会给人一个美或丑的印象。又如，教师自身思想修养高尚与否，在指挥比赛时就会表现出来，会直接影响学生思想品德心灵美的培养。

（三）竞技体育的审美特点

1. 观赏性

竞技体育最大的特点就是具有观赏性，观赏的过程就是一个审美的过程。运动员在场上的拼搏，也可以称之为表演，是高难度的各类技术的表演，身体健美的表演，展示力量的表演，战术演练的表演，意志品质的表演，顽强拼搏的表演。竞技体育的表演不同于艺术类的舞台表演，它是人体向极限的冲击，它是在争夺名次的竞争中进行表演，给观众以较强的刺激。尤其是在国际比赛中，人们带有倾向性的观赏，更使人们的心理随着赛场上的变化而变化，其观赏的吸引力超过人类许多活动的吸引力。

2. 创造性

新陈代谢、推陈出新是竞技体育存在的生命线。竞技体育的存在、竞技体育的发展都是与创新、发展、胜利结伴而行的。从某种意义上说，比赛就是比创新，谁有创新，谁夺得胜利的机遇就大。新和美是经常联系在一起的，新的东西往往有美的欣赏价值。现在观众对美的感受随着时代的发展、生活方式的变化、文化水平的提高在不断地更新，因此，竞技体育的内容也应不断调整，以适应新的变化。正由于竞技体育不断涌现出新项目、新纪录、新技术、新动作，才保持了它的生命力和吸引力。

3. 真实性和平等性

竞技体育比赛是在众目睽睽之下进行的，比赛双方处于完全平等的地位，条件是均衡的，每个运动员都有同样的机会展示自己的技能，还有公正的裁判来约束你的行为，大家取得优异成绩的机会也是均等的。比赛的结果不能更改，竞技的场面不能重复，要取得好成绩，就得有真功夫、真本领，一切都是实实在在的，毫不含糊。这就是它的真实性和平等性。

4. 丰富性

竞技体育不但在竞赛中充分表现出人体美和技术、战术巧妙结合的美，而且在其他方面也颇具审美价值。如大型竞技场馆雄伟的建筑，新颖的造型，优美的体育场环境，各种体育造型的雕塑，色彩丰富的彩旗、气球、火炬等的搭配，大型团体操或艺术体操的表演，运动员的服装和体育器材的色彩，以及运动员在场上表现出的高尚的道德、亲密的友情、优美的动作造型、奋力拼搏和积极进取的意志等，都体现出极其丰富多彩的审美内容。广大观众就是在这美的欣赏中，受到了教育，得到了陶冶，振奋了精神。

5. 国际性

体育是属于全世界人民共同拥有的文化财富，尤其是竞技体育。“竞赛是运动员的节日”，这句话真正道出了体育属于世界的性质，体育是世界人民之间交往沟通的最好桥梁。对竞技体育的审美情趣，历史上虽然因地域及人文方面的因素存在着许多差异，但随着国际体育交流的日益频繁，科学技术日益发展，地域和民族间的差异逐渐缩小而日益国际化。审美情趣向共同化方向发展，这是历史进步的表现。竞技体育审美的国际性，已成为历史的必然。

四、不同形态的体育审美创造

（一）群众体育中的审美创造

群众体育的审美创造与群众体育的审美特性密不可分。它主要表现为群众参与体育运动的自我意识性、个人的功利性、积极的休息性、时间性和民族区域性。因此，群众体育的审美创造要从它所具有的审美特殊性出发。首先是群众体育的自我创造性。群众参加体育运动是有目的性和强烈的需要的，凡是他们乐于接受和实行的、符合他们要求的都是审美创造的内容，要予以鼓励和提倡。其次是群众体育有明确的个人功利性。这是一种合目的和合规律的活动，正是体育美的一种表现，正符合体育审美创造原则，应充分肯定和评价。此外，群众体育是群众能够积极参与、身体力行的重要动力，是他们自我现实需要的满足，群众体育审美创造具有巨大的原动力即在于此。从北到南、从东到西亿万群众对体育的向往，体育社会化进程的加速，体育服装的流行，无不与此息息相关。

（二）学校体育中的审美创造

学校体育的审美创造是与学校体育审美特殊性分不开的。它主要是以塑造青少年的健康身体为基本出发点，以健康的心理和品德教育为重要内容，以教师的审美情趣为教育学生的主导。因此，学校体育的审美创造首先要以有利于青少年身体健康成长为目的，要为青少年成长需要服务。青少年的身体健康体现在身材合乎比例、匀称，动作自然、敏捷，反应灵活等方面。因而，体育的审美创造就要为青少年这些健康标准的实现而进行有意识的活动，对有利于他们成长的体育项目和活动进行美育教学评价。其次，要有利于青少年健康的心理养成和品德的培养。在学校体育运动中从审美创造视角应充分肯定和激励一切有利于学生健康心理养成和品德培养的项目，这才符合青少年发育的自然规律和社会发展的要求。此外，要以培养教师审美的体育情趣为中心，使教师能自觉地、能动地参与组织和指导青少年的体育活动，要使教师们以青少年的健康美为教育目标之一，使教育为提高全民族的素质落到实处。为此，学校体育审美创造活动要以教师为中心，是体育配合德育、智育的教育，从而使青少年成为全面发展的新人。可见，学校体育的审美创造是学校教育，特别是学校体育教育的基本环节之一，是实现教育方针的重要内容之一。

（三）竞技体育中的审美创造

竞技体育的审美创造是与竞技体育的审美特殊性分不开的，它具有国际性、新奇性、真实性、平等性和丰富性。竞技体育的审美运动是在个体和群体、运动员和观众之间相互交融、相互渗透的情况下发生的。因此，竞技体育审美创造已经突破了区域的限制，一场高水平的足球赛通过现代化手段立即成为国际性的运动，而且在其创造过程中更是结合了美、难、新三个方面。所以，创造是竞技体育的生命和灵魂，美、难、新的技术动作的构成是完全符合审美创造要求的。竞技体育在众多的创造活动中（包括自然科学中的其他创造活动）最为突出和快速传播，如竞技体育向人体极限的迈进，有力地显示了人的创造力和征服力，表现了人的崇高和伟大，体现了体育审美创造要求和目的的实现，往往令人神往。真实性、平等性和丰富性既是审美特性，又是体育审美创造的原则和要求。最具有公开度和影响力正是竞技体育的审美创造特点之一。

第九章　书法与美育教学

第一节　书法的美育教学功能

一、书法美能弘扬国粹

日本汉字教育振兴协会会长石井勋说："汉字是世界上唯一一种只需用眼睛看就能思考、即使口语不同也能理解的文字。将来，汉字可能成为全世界的通行文字之一。"我们应该把这一国粹传承下去，接受书法艺术的精神内涵，了解我们的民族审美特征和审美精神，培养爱国主义精神。

二、书法美能够陶冶性情，改变人的情绪

书法可静心，可养性，很容易培养起严谨认真的好习惯。书法作品中特有的那种典雅之美的力量，一旦你感受到了，领悟到了，你的精神自然而然会受到感染，以至能使原先平静的心情由草书那飞腾的气势而产生跃跃欲试的激情，使原先烦躁不安的情绪由篆书那稳健典雅的风格而平静下来。

三、书法美能给人带来愉悦

书法艺术把"意美"寓于"形美"之中，其笔墨情绪常在不知不觉间感染着我们，书法创作本身就是审美与创美的一项愉悦性活动。

第二节　书法艺术

汉字是书法艺术的内核和灵魂，书法是对汉字造型的美化。从汉字的发展演变过程可以看出，汉字源生于自然，是从图画演变而来的，内含深刻的自然哲理性，这一特征也决定了书法艺术的本质规律——书法是自然的节奏化，从而使书法成为反映自然哲理、以抒情写意为宗旨的独特艺术形式。汉字书写与书法的区别有以下三点。

第一，汉字书写主要是记载或传播功能，美观往往是为了提高识别，一般仅仅具备最基本、最简单的形式美，如整齐、对称、均衡等。而书法艺术首先是审美功能，其记载或传播功能居次要地位，同时它又讲究文字内容和书体风格的统一。如温庭筠的“梳洗罢，独倚望江楼。过尽千帆皆不是，斜晖脉脉水悠悠。肠断白蘋洲”。如果写得很粗犷，就和内容矛盾，产生不了美感。谭嗣同的“我自横刀向天笑，去留肝胆两昆仑”，很豪迈、很悲壮，如果写得太秀气也和他的风格不协调。

第二，汉字书写一般不体现内容以外的思想和情感，而书法艺术则渗入了创作者的思想和情感。古人把书法称作“心画”“心迹”。清代刘熙载在他的《艺概·书概》中甚至说：“书，如也。如其学，如其才，如其志，总之曰如其人而已。”可见书法是一种心灵的艺术，是情感的心电图，是人的精神美的表现，书法的极致和人的精神相通，人品决定书品。从这个意义上说，书法又是一种文化行为，它与一个人的学识、修养、眼界和艺术感觉紧密相连；书法又是一种比音乐还纯粹的表现艺术，音乐还可以模拟大自然的音响，而书法艺术打动人的并不在于它模仿什么，像什么，而在于一种深刻内涵，是生命运动的一种感悟。如杨辛的书法《春》，上半部长锋直书产生了细长柔韧的线条，犹如行云流水般舒缓流畅，又如春日初发的柳枝，在微风中轻轻飘荡；下半部以“涩笔”扫出刚劲粗犷的线条，犹如一颗充满生机的老树，在春风的拂动下绽出了一树嫩绿。一气呵成的整个字构成了一幅充满动感与和谐的美丽春日图景。在杨辛先生看来，春不仅仅是个季节，而是生命的象征、精神的支柱。所以名为书法，实际上是无法的，绝对没有一成不变的规则，绝对没有复杂严格的法术，最关键的还是学识修养，如果没有文化而搞书法是不可想象的。

第三，汉字书写只需要有限的技巧便可实现，可以在很明确的规范条件下完成；而书法创作是需要笔墨基本功夫的，正如南京大学教授胡小石先生在《书艺略论》中所说："凡用笔做出之线条，必须有血肉，有感情。易言之，即须有丰富之弹力，刚而非石，柔而非泥。取譬以明之，即须如钟表中常运之发条，不可如汤锅中煮烂之面条。"姚孟起在《字学忆参》中也说过："百炼钢化为绕指柔，柔非弱，刚极乃柔。"有刚无柔不是真正的刚，有柔无刚也不是真正的柔，只有将二者有机结合起来，才能创造出充满生命活力的线条，进而结合成更具魅力的形体，给人带来既振奋又愉悦的艺术享受。

第三节　书法艺术的审美

点画的书写、结体和章法布局是书法艺术造型的三大基本要素，书法艺术的审美欣赏也就应该从这些方面入手。

一、纵观章法布局美

一幅书法作品的创作过程是"积画成字，积字成篇"的过程，而人们对书法作品的欣赏却是从总体形象及它的整篇章法布局开始的，即人们首先注意的是作品给人的第一印象。从形式上看，章法是否自然天成、浑融和谐，所调动的艺术手段是否恰当，是否达到气象非凡，内涵深邃，境界超凡，博大宏远，将作品熔铸成为一个生气贯注的整体，从而体现出作者的匠心独运，至少能通过画面的气氛看出作品的情调是深沉的还是豪迈的，是乐观的还是忧郁的，进一步从风格上审度是质朴、率真，还是古雅、清新等，然后再看作品是否有夺人心魄的形象和神采，以及令人激动不已的节奏和韵律。

图 9-1　《兰亭序》

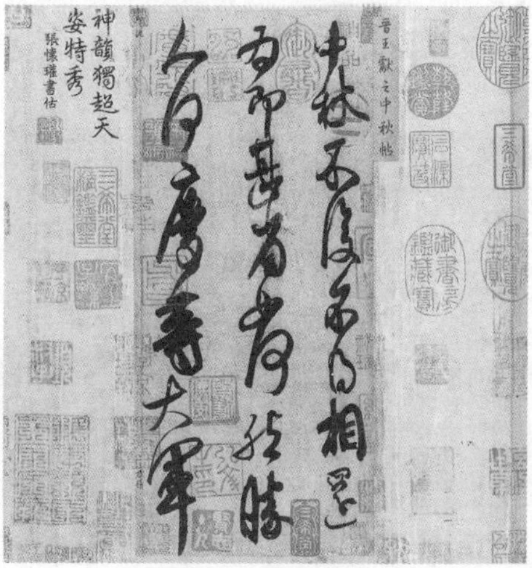

图 9-2　《中秋帖》

章法要求计白当黑，疏密得体，揖让有致，顾盼生辉，还要考虑险中求正，错落有致，全局统一。一幅好的书法作品，点画之间顾盼呼应，富有变化；字与字之间款正相反，搭配合理；行与行之间首尾呼应，气脉贯通，通篇凝结成一个不可分割的整体。如王羲之的《兰亭序》（图 9-1）、王献之的《中秋帖》（图 9-2）等就令人赏心悦目。章法的形式丰富多样，字的布局也不拘一格，欣赏时要根据具体情况来判断。篆书形体长方，字取纵势，作品宜行距大于字距，如秦李斯的《仓颉篇》；隶书为扁横形，字取横势，作品宜字距大于行距，如汉代的《张迁碑》《曹全碑》等；楷书方块整齐，作品宜字距和行距相等，如唐楷、魏碑；行书宜纵有行，横无列，潇洒自如，如宋四大家行书；而草书则是纵无行，横无列，贵于参差变化，如“草圣”张旭的书法千变万化，不拘不束。章法变化应以整幅作品的完美为准绳，做到变化而不杂乱，统一而不单调，使布局增辉，篇章益活。如果作品过于整匀，毫无变化，如算子排列；或杂乱无章，随心所欲，如乱柴一堆；或窒塞满篇，拥挤不堪，使人感觉透不过气，如墨云压地；或稀疏分散，支离破碎，如散沙一片，都不能给人以美的感受，都是章法失败的作品。

另外，题款、印章是书法的有机组成部分，对书法布局起平衡、点缀、烘托作用。题款有上下款，大都是行书，不挤不散，写得灵动潇洒，决不能马虎草率，成为正文累赘。书作白纸黑字，加上恰到好处的朱红印章，会对整幅作品起到画龙点睛的作用，使整幅书锦上添花，意境高雅。

二、细品点画线条美

书法艺术是典型的线条艺术，书法的线条就是构字结体的“点画”，主要有点、横、竖、撇、捺、提、折、钩等形态，有藏露、粗细、方圆、偏正、曲直、刚柔、畅涩等变化。中国书法家们以变化多端的线条和抽象的笔墨来表现微妙的内心感受，这一切就构成了中国书法的线条美。王羲之书法的线条离而不绝，似断还连，无形处有神，无笔处有势，因而喜爱王羲之书法的唐太宗竟然写了一篇《王羲之传论》赞美说：“烟霏露结，状若断而还连；凤翥龙蟠，势如斜而反直。玩之不觉为倦，览之莫识其端……”这就是中国书法线条美的最高境界。

（一）美的笔画线条应该力饱气足

线条的力度感历来是衡量书法作品优劣的一条审美标准，晋代卫夫人在《笔阵图》中说：“多力丰筋者圣，无力无筋者病。”因此好的书法作品应该是“入木三分”“力透纸背”“力屈万夫”。唐代大书法家怀素写的《自叙帖》（图 9-3）和张旭写的《草书四帖》（图 9-4）因为线条遒劲有力而又气势奔放，历来被书家誉为书法佳作。

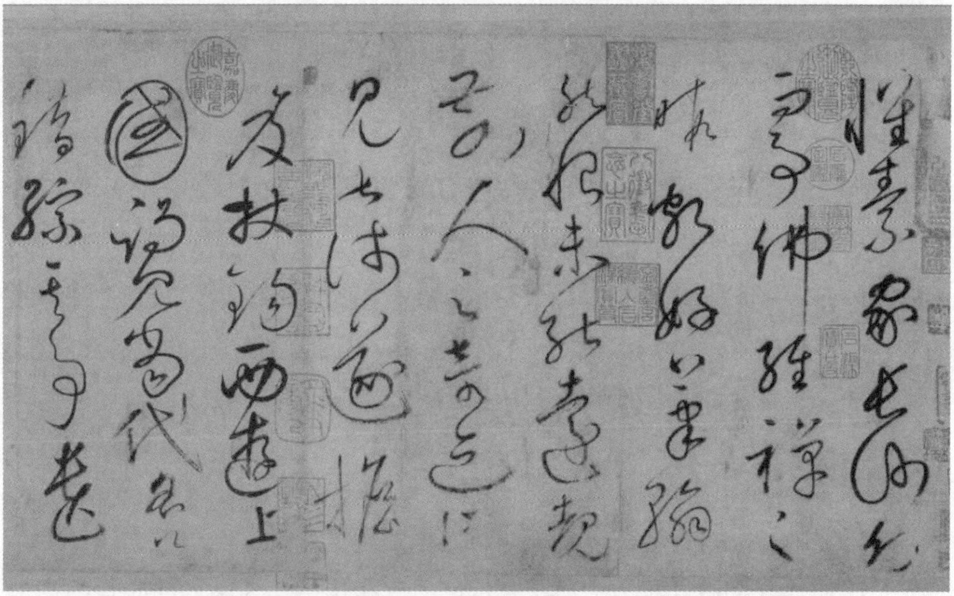

图 9-3　《自叙帖》

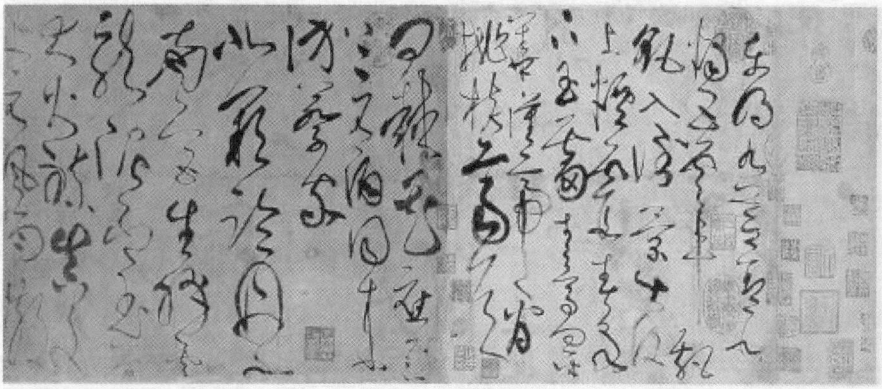

图 9-4　《草书四帖》

（二）美的线条应具有质感

优美的书法作品其笔画线条能给人一种质感，使人们从抽象的线条中感到隐隐然真实有形，如颜真卿的《颜勤礼碑》《颜家庙碑》等的笔画线条饱满圆实，浑厚圆润，富有“立体感”的艺术效果。即使是线条轻细如游丝也能给人以刚劲有力的感觉，如怀素《自叙帖》中的笔画线条非常纤细，但并不使人感到飘浮无力，而是能给人一种似柔实刚的感觉，宛如一部用线条交织而成的交响曲，以它铿锵的音色、激越的旋律构成了一部完美的乐章，把欣赏者带进一个神采飞扬的精神王国。

（三）美的线条应具有节奏感

如果书法作品的线条粗细一致，无提按起伏，无抑扬顿挫，就显得呆板、僵硬、单调，不能使人产生美感；反之，如果笔画线条有快慢、粗细、长短、浓淡、枯润等变化，就会给人以强烈的节奏感，从而激发人们的美感和联想。也正是从这个角度讲，人们称书法为“无声的音乐”。

（四）美的线条应具有情感

书为心画，以情行笔，情注毫端，这样的书法作品才能情韵纵逸，生动感人。唐朝孙过庭通过对历代书法真迹的研究指出，与王羲之同时代的许多书法家的笔迹之所以不传，独有王羲之的书法代代相传，历久不衰，其原因就在于王羲之善于通过书法来表达他的内心情感。孙过庭在《书诺》中说，王羲之在写《乐毅论》这篇小楷时，抑郁的心情表现了出来；他在写《东方朔画赞》这篇楷书时，则多涉及离奇的意想；他在写《黄庭经》时，则感到虚无境界的喜悦；他在写《太师篇》时，则为纵横周折的世情而心潮起伏。王羲之就是这样以情运笔，在行笔中注入自己的情感，书法作品成为艺术家内心感情的寄托和记录。

三、分析结体造型美

中国书法的表现对象是汉字，构成汉字的笔画有多有少，字形有方有圆，体态有敬有正，字与字排列起来有大有小、有长有短、有疏有密。汉字的这种奇异多姿、姿态万千的形体为书法家创造天然错落、参差变化的造型美提供了极为广阔的天地。如王羲之的《兰亭序》，全篇共出现了21个“之”字，每个“之”字的结体不同，神态各异，又都贯穿和联系着全篇，构成全幅的联络，使全篇一气贯注，风神潇洒，不黏不脱，显示出王羲之的精神风度。

汉字分独体字与合体字两大类。书写独体字时应突出各字的自然形态，如“目”字是长方形，如果写成扁的就不美；“夕”字是左斜形，书写时要注意斜中求稳，如果重心不稳就给人以飘浮无力的感觉；“回”字是正方形，既要写正还要写活，体态不活就给人一种呆板的感觉。合体字按其组合形式可分上下结构、左右结构、上中下结构、左中右结构、半包围结构和全包围结构六种。上下结构和左右结构的字，每个构成部分的笔画差不多，书写所占的空间应“平分秋色”，如“好”字和“志”字：上中下结构和左中右结构的字，书写所占的空间应“三分天下”，如“意”字和“街”字；半包围结构的字，不论是上抱下、下抱上，还是左抱右、右抱左，一定要把被包围的那部分抱紧，如“风、幽、句、巨”等字；全包围结构的字，被包围的那部分位置要居中，形体大小要与外框相衬，如“困”字和“围”字。

楷书和行书结体要端正、严谨、峻整、清秀，草书笔墨要酣畅、潇洒，若行云流水，似龙飞凤舞，篆隶则应古朴苍劲。

四、感受墨色韵律美

书法作品是否有韵味、有意境，在很大程度上与墨色密切相关，笔情墨趣是书法艺术的生命。

书法创作者因情感的驱使，用笔有轻重、提按、顿挫、疾徐，用墨有枯湿、浓淡、虚实、燥润，用笔用墨巧妙结合就形成了书法作品的韵律感和节奏感。初落笔时往往饱蘸浓墨，挥洒而下，由润渐燥，由浓渐淡，再次蘸墨，又重复出现以上情况。用笔轻则墨浮而淡，用笔重则墨凝而浓；用笔慢则墨渗而润，用笔快则墨燥而枯。一篇之中有浓墨字、淡墨字，一个字中有浓墨笔、淡墨笔，一笔当中也有浓淡变化，就像音乐的强音和弱音不断交替变化一样，其节奏韵律美是不言而喻的。不过，浓墨太多则浊，淡墨太多则浮，焦墨太多则燥，湿墨太多则软。一定要把握好墨色的自然变化，处理好各种墨色对比关系，浓墨处见一些淡墨，湿墨处出现一些飞白、枯笔，以增加墨韵变化。

五、领悟神采风韵美

书法作品的神采风韵是点画线条及其结构、章法组合中透出的风格、格调、气质、情趣的统称。例如，颜真卿字多肉多血，柳公权字多骨多筋，米芾字侧锋取媚，郑燮书既拙且怪，这都是由于不同的运笔体现不同的笔意和神韵。同是初唐的四大书法家，由于用笔的特点不同，其书法的艺术风格也各具特色。有着“君子书风”美誉的虞世南，用笔圆融劲逸、温文尔雅、平实稳健、含而不露，故后人赋予“君子藏器”的美誉，评夸他的书法为“字体馨逸、举止安和、蓬蓬然得春夏之气”。而初唐四大家中的另一杰出代表褚遂良用笔却方圆兼施、流洒飞动、灵活多变、提按顿挫、随笔生态、随势生波，后人称他的书法是“字里金生，行里玉润”“疏瘦劲炼，细骨丰肌”。

书法作品的神韵美既体现了书家的“字内功夫”，也反映了书家的“字外功夫”。所谓“字外功夫”即是书家的思想气质、文化素养、道德情操、个性风采等。字为心画，字如其人，书家笔下的作品都是书家思想秉性、气质素养、道德情操的反映。例如，王羲之的《兰亭序》表现出一种平和、自然的感情，给人的感受是“志气平和，不激不厉”，而这种思想感情同东晋时期一部分士大夫深感人生无常、主张顺从自然的道家思想感情是一致的。他们认为平和、自然是最高的美。颜真卿一生刚直不阿，不徇私情，不畏权奸，其书充溢着忠义刚烈之气，凛然不可侵也，如《祭侄文稿》是在作者极其悲愤的情况下挥笔疾书的，尽管字体的浓淡、疏密大小不同，甚至涂涂改改，然而却把颜真卿当时那种悲愤的心情真实地表现出来，而且书写的内容和形式也是有机地统一，成为我国书法史上罕见的书法艺术珍品。而元代赵孟頫是宋皇朝的后裔，宋亡后而降元做官，他的字学晋人遵丽媚人，没有锋芒，与其做人一样，委曲求全。在王羲之、颜真卿、赵孟頫的书法作品中，因他们各自所处的时代、环境、地位而形成的个性心境是很明显地流露出来的。

第十章　绘画与美育教学

绘画是一种视觉艺术和造型艺术，它主要通过线条、色彩和形状的有机结合构成有意味的“形式语言”，在平面的二维静态空间中反映复杂的客观现实生活，表现艺术家丰富的审美情感和审美理想，因而它具有直观地认识社会生活、怡养性情、陶冶情操的功能。

绘画根据审美理想与艺术风貌的不同，可分为东方绘画与西方绘画两大体系；根据所使用物质材料和技巧的不同，可分为中国画、油画、水彩画、水粉画、版画、素描、速写等；根据题材和内容不同，可分为肖像画、历史画、静物画、风景画、风俗画等；根据作品形式的不同，可分为单幅画、组画、连环画、宣传画、壁画、年画、漫画和插图等。中国画按照表现对象又可分为人物、山水、花鸟等画科，有工笔、写意和兼工带写等技法。因为山水画易于表现深远的境界，易于反映中国文人与大自然为伍的胸襟，因此山水画在受重视程度上始终居中国画之首；人物画多用于政教、宗教、肖像等题材；花鸟画居其次，长于表现情趣；写意画是中国画的主流。

第一节　绘画的美育教学功能

一、培养人们视觉上的审美敏感

经常欣赏绘画或者直接参与绘画艺术的创作实践，可以将人们对于视觉审美形式的感受逐渐内化为自己的审美能力。现在越来越多的舞台美术设计、广告设计、建筑设计、装饰设计、服装图案设计、工业品艺术设计等采用了现代派绘画艺术的不同表现形式，如立体主义、野兽派、表现主义、超现实主义等艺术风格。如果对现代派艺术没有持续地、长期地与其保持一定的联系和接触，即使对于古典艺术比较熟悉的人也会看不懂它们。

二、帮助人们直观地认识社会生活风貌

绘画作品对于我们了解过去的社会风貌和异国风情提供了丰富而生动的材料。例如，中国古代绘画中最早的作品《人物龙凤帛画》（图 10-1），画面下方是一位冠饰精美的侧身妇人，她阔袖长裙，体态优美，双手合掌前伸，神态庄重，似在祈祷。妇人头上正中是一只腾越飞舞的凤鸟，尾羽向上卷扬，双足腾跃，目光有神；左上方是一条弯曲扭动的龙，黑白相间，纹彩粲然。全图描绘一个女巫为死者祝福，祈愿飞腾的神龙、神凤引导死者的灵魂登天成仙。这为我们了解奴隶社会时期文化提供了生动的材料。

图 10-1　《人物龙凤帛画》

南唐著名人物画家顾闳中的稀世珍品《韩熙载夜宴图》以南唐中书侍郎韩熙载的生活逸事为题材绘制而成。韩熙载原是北方贵族，因战乱南逃，被南唐朝廷留用。后主李煜想重用他，但又不放心。身处逆境的韩熙载以生活上纵情声色的方式去转移同僚的视线，蒙蔽朝廷的耳目。李煜出于“惜其才”，以为他生活太放荡，特命顾闳中夜至其府邸，偷看并目识心记，绘成此图，

并想通过此图规劝韩熙载。《韩熙载夜宴图》（图 10-2）是一幅由听乐、观舞、暂歇、轻吹和散宴等五个既可独立成章又相互关联的片段所组成的画卷，绘声绘色地表现了韩熙载玩世不恭的生活态度和忧郁孤趣的苦闷心情，客观上起到了揭露封建统治阶级奢靡腐朽的生活和内部激化矛盾的作用，是具有一定思想深度和现实意义的作品。作品如实地再现了南唐大臣韩熙载夜宴宾客的历史情景，细致地描绘了宴会上弹丝吹竹、轻歌艳舞、主客糅杂、调笑欢乐的热闹场面，又深入地刻画了主人公超脱不羁、沉郁寡欢的复杂性格。一方面，他在宴会上与宾客觥筹交错，不拘小节，如亲自击鼓为王屋山伴奏，敞胸露怀听女乐合奏，送别时任客人与家伎厮混，充分反映了他狂放不羁、纵情声色的处世态度和生活追求；另一方面，他又心不在焉、满怀忧郁，如擂鼓时双目凝视、面不露笑，听清吹时漫不经心，与对面侍女闲谈，这些情绪都揭示了他晚年失意、以酒色自污的心态。画家塑造的韩熙载不仅形象逼真，具有肖像画性质，而且对其内心挖掘深刻，性格立体化，可以说真实地再现了这位历史人物的原貌。

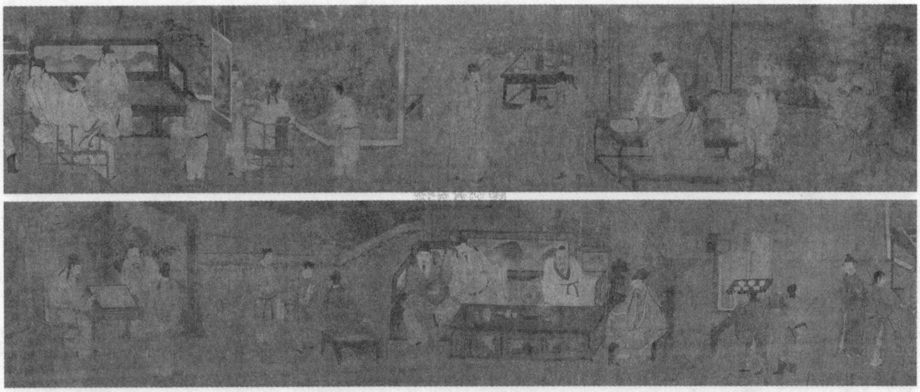

图 10-2　《韩熙载夜宴图》

即使以表现情感为艺术目的的现代派艺术家也有大量包含再现现代生活因素的作品，如毕加索运用黑、白、灰三种颜色和立体派的表现手法创作的《格尔尼卡》（图 10-3），表现的就是 1937 年德国法西斯空军疯狂轰炸西班牙小镇格尔尼卡的暴行。房子着了火，一位妇女在大火中跌落，举手呼号，另一妇女为逃避灾难而奔跑，地上一位战士已经战死，手里还拿着折断的剑。

嘶叫的马象征着人民，野牛代表着法西斯闯入和平的国度，践踏着妇女和儿童。画面上方一位妇女从窗口探进了头，举着油灯，力图看清这场历史悲剧。一只巨大的眼睛（眼珠是一只灯泡）悬在画面上方，它的光芒照亮了一切。这幅画表达了画家对法西斯残害人民的愤怒情感，成为20世纪人类对暴行抗议的普遍象征。

图 10-3 《格尔尼卡》

三、怡情养性、陶冶情操

图 10-4 《古木怪石图》

中国的文人士大夫常常把他们的志趣、抱负、理想、情怀寄托在笔墨丹青之上，使得封建专制桎梏下正常的人性能够在艺术上得以体现。苏轼的水墨作品《古木怪石图》（图 10-4），把枯树画得如龙蛇盘屈、无始无终，石头的皴法线条也是扭曲回环，像是萦绕在苏轼胸中苦闷、矛盾的情绪，把题材做了人格化、心灵化的处理，把因政治原因不利于身体健康的因素通过绘画艺术升华为有利于健康的精神享受。关山月和傅抱石合作为中华人民共和国成立 10 周年所绘制的巨幅国画《江山如此多娇》（图 10-5），气魄之大、意境之新、布局之美令人称绝：一轮红日从东方升起，普照大地，山峦起伏，连绵不绝，浩浩瀚瀚，郁郁苍苍，其下飘动的烟云，回绕着整个大地。古老的长城，奔腾的黄河，蜿蜒的长江，世界屋脊的珠穆朗玛峰，都形象地跃然于画上。近景是一片青绿的丛山，其间点画了茂密的树木。这幅画充分展现了祖国江山的雄壮、辽阔，富有时代新意，观看后使人爆发出极大的爱国热情。

图 10-5　《江山如此多娇》

第二节　绘画艺术的审美

一、造型性和直观性

绘画是通过线条、色彩和构图等基本要素造型的。

绘画线条的本质在于它的情感意味，其软硬坚柔、轻重缓急、光滑滞涩、清晰含混等特点，其长短、粗细、疏密、干湿、曲直等节奏变化，都可以表现出无限丰富的情感层次。荷兰画家凡・高作品中弯曲、动荡的线条就反映了画家本人急躁而冲动的天性，意大利画家达・芬奇作品中冷静、准确的线条则表现出艺术家精确、理性、富于逻辑性的个性，法国画家德拉克洛瓦作品奔放有力的线条则表现了这位浪漫主义艺术家火焰般的激情和热烈的性格。因此，绘画中的线条既是作者视觉上的创造，更是情感的表现。

色彩的运用在绘画中占有重要地位，虽然中国画的造型主要靠笔墨，但中国绘画在水墨画还未占据画坛主导地位之前也是非常重视色彩表现的，如唐代敦煌壁画和重彩工笔画，无论在人物、山水和花鸟方面都有实例可循。李思训的山水画以“青绿为衣，金碧为纹”，以墨线勾架轮廓后填以石青、石绿，最后用泥金勾勒，为的是追求一种雍容华贵、富丽堂皇的艺术效果，以此来象征唐代盛世政治、经济、文化的空前繁荣。随着西方画种的涌进，中国现当代的艺术家们更是勇于尝试和探索，如林风眠先生的水墨画重彩作品就具有很强烈的色彩主观意识，并多用原色调，纯度和明度都有所加强，在色彩心理上更能体现时代感。

绘画的构图也有极强的表情性，横向线式构图暗示着和平与宁静，斜线式构图包含着运动和力量，金字塔式构图暗示稳定和庄重，倒三角式构图显示出不稳定和危险，锯齿状构图包含着痛苦和紧张，圆状构图显得圆润和完满。综合利用这几种构图形式进行交错和对比，就能够唤起千变万化、错综复杂的情绪和感受。席里柯的油画《梅杜萨之筏》（图 10-6）再现了 1816 年 7 月法国政府的巡洋舰“梅杜萨号”的海难事件，画面采用了奇峰突起的“金字塔构图”，在它顶峰是站得高高的黑种人手挥红巾向着远处的船影振臂高呼，“塔”底部是一堆在惊涛骇浪中垂死挣扎和已死的人物形象，画面中筏上人物求生的欲望和激动，紧张的气氛给人留下深刻的印象。绘画视觉的直观性虽然不能像戏剧、影视那样把所表现的对象实际存在的矛盾运动过程全部展示出来，但却可塑造事物形象“最富于孕育性的瞬间”，使其在欣赏者的头脑里引起对事件过程的联想，化动为静，以静写动，如齐白石的《蛙声十里出山泉》。

图 10-6　《梅杜萨之筏》

二、再现现实的具体性

绘画艺术不但能够再现人物的具体形象，而且能够反映人物所处的具体背景。绘画中人与自然、人与社会、人与人之间的各种矛盾、内心冲突远比雕塑反映得更为直接和具体。米洛斯的雕塑《断臂的维纳斯》由于造型单纯，无背景，色彩简单，只能传达爱和美的纯粹观念。而绘画中的维纳斯却能和人间生活紧密相连，她的个性就存在于她与环境所处的关系中。例如，意大利文艺复兴早期著名画家桑德罗・波提切利《维纳斯的诞生》一画，经过中世纪的长期冬眠，1486 年维纳斯又重新苏醒或重新诞生。画中的维纳斯从海水的泡沫中出世，乘着巨大的海贝，带着羞怯的神态被两位塞佛罗风神吹到岸边。季节女神迎候着，准备给她披上鲜花织成的衣裳。在广阔的天空与海洋的淡蓝色背景烘托下，一头长发闪烁着金色的光辉；温柔的海风，把它“梳”出一种特殊的韵律感。女神形体修长优美，那似乎是毫无重量感的双脚造成了一种轻盈飘忽的神的境界。人物充满忧思的表情，又添了一层人间的色彩。这是一位女神，又是一个女人，含着少女的娇羞，袒露着圣洁的身躯。她带着古典世界的柔美静穆，又充满了中世纪的哀愁忧思；她揭示了文艺复兴时期人们的复杂心理，也显露了人本主义的胜利曙光。世俗的审美情趣借古代希腊女神的庇护又重新抬头。如果说波提切利的维纳斯还带有古典规范而拘谨站着的话，那么乔尔乔内的《睡着的维纳斯》则一下子松弛地躺下来，他更多地把神话题材转换成一种对大自然的沉思。丰腴柔润的躯体与恬静优美的草原和山丘协调呼应，巧妙组合，构成了一个闲适幽雅的理想世界。在那日暮的天空中，大自然将入睡，女人正在酣睡，人体与大自然融成一气，躯体的曲线与山脉的曲线合成了一个节律，同一个梦把人和自然笼罩在一起了。作为人文主义精神的体现，它与以往的人物画作品的明显区别是对自然界的关注。受乔尔乔内的影响，提香也画了许多躺着的维纳斯，他所创作的《乌比诺的维纳斯》，展现在我们面前的女人体，完全是一位富足的宫廷贵妇。堂皇富丽的室内装饰，女人优美的形体轻松舒展地躺在松软的床榻上，床上还卷卧着一只小狗，维纳斯手上还有耀眼的手镯，靠近窗台还有她的侍女和小女孩。

三幅不同的维纳斯画面反映出三种不同的个性和对爱的不同理解。波提切利的维纳斯还是半人半神，把人置于神的环境中，她既有中世纪妇女那种古典规范缠身，又有文艺复兴时人文主义精神的光辉闪耀，说明人们对爱的理解的矛盾心理，传达出从封建的束缚中求解放的向往。乔尔乔内的维纳斯，神灵消融于大自然之中，只有淡淡的余味，说明人们把爱看成是很自然的。而提香的维纳斯，神的味道荡然无存了，完全是一个世俗的、现实的女人，说明人们对爱的理解走向世俗化，与物质因素，尤其与金钱、财富连在一起了。绘画之所以能表现维纳斯的不同个性及不同时期人们对爱的理解，都是由于绘画的特点所致，它的二度空间、色彩能够容纳大量的自然环境和社会内容，它的线条能详细刻画人的细微表情，特别是脸部，尤其是眼神，这些是雕塑不能达到的。

三、情感表现的丰富性

图 10-7　《我们从哪里来？我们是谁？我们往哪里去？》

绘画不仅是再现的艺术，也是表现的艺术，特别是现代派绘画，情感“弥漫于作品的每一根线条，每一块颜色”。例如，印象派画家高更的《我们从哪里来？我们是谁？我们往哪里去？》（图 10-7），画的右边是一个刚刚诞生的婴儿，中间是一个采摘水果的青年（据说他似乎暗示亚当采摘智慧之果），左边是一个行将就木的老妇。这一主线的贯穿暗示着人类从生到死的命运。从作品的形象、色彩、构图看，似原始民族的神话传说，富有异国邈远、神秘的情调。这幅画是画家主观的臆想梦境，是对人和自然交融的一种渴望了解的探究心情。高更说在他临终以前已把自己的全部精力投入到这幅画中了，“这里有多少我在种种可怕环境中所体验过的悲伤之情，这里我的眼睛看得多么真切而且未经校正，以致一切轻率仓促的痕迹荡然无存，它们所看见的就是生活本身”。其内心悲怆而强烈的情感不仅见于画面，还溢于言表。挪威的蒙克出身贫寒，童年时母亲和姐姐相继死于肺病，而父亲和弟弟又先后在他身边死去。孤独、苦闷铸成了他的性格，他的大部分作品都是悲剧生命的自我表述。但正因为其生命的悲剧是整个当代社会悲剧的缩影，所以他的自我表述自然而然地成为整个社会的自我表述，从而具有深刻的、震撼人心的力量。其最负盛名之作《呐喊》（图 10-8）几乎把人类、把表现派画家内心的痛苦、狂乱和挣扎全部用绘画语言的外在形式和盘托出了。画面上一个面容消瘦近于骷髅的人，双手紧紧地捂住耳朵，好像受到极大的惊吓，张口狂呼。那阴惨的天空红色和阴郁的海湾绿色背景给人以非常恐怖的印象，那种惊悸颤动，如人的神经纤维般的粗犷线条，在人物形象周围形成一个湍急的旋涡，就像那绝望呐喊的回响，紧紧地纠缠在他脑际，使得他不得不紧捂双耳。蒙克自述道："我和两个朋友一起散步。太阳下去了，突然间，天空变得血一样红，一阵忧伤涌上心头，我呆呆地停在栏杆旁。深蓝色的海湾和城市上方是血与火的空际。朋友们继续前进，我独自站在那里，由于恐怖而战栗，我觉得大自然中仿佛传来一声震撼宇宙的呐喊。"这是作者因内心的极度孤独、剧烈痛苦而战栗，是发自人类本能的无法遏制的呐喊。

图 10-8　《呐喊》

就中国绘画而言，画山就是画人，因为画山水也是画家本身的自我呈现，画家让我们见到他所经历的精神层面的活动。扭曲的山脊、冬日树木中聚集畏寒暂居的鸟儿，传统设色鲜艳的主题上改用阴暗的颜色作为主调，这一切都勾画出遭遇时代不幸的心灵所传达的焦虑。

第十一章　摄影与美育教学

摄影是指摄影者借助于照相机、摄影机等物质材料和摄影技术手段，按照作者的艺术构思，通过瞬间画面的摄取，在二度空间的照片上塑造出三度空间的视觉形象，来表达作者的思想感情、反映社会生活的造型艺术。由于摄影作品的艺术形象具有真实、直观、可视等特点，摄影已成为人们非常喜爱的艺术活动之一。人们已经认识到，摄影对于现代人不仅仅是一种工具、一种技术、一种视觉手段，而且是一种语言、一种观念、一种思维方式、一种生命存在形式，人们通过图像重新认识世界，也重新认识自己。

第一节　摄影的美育教学功能

一、纪实性

再现生活真实的纪实性是摄影的本质属性，也是摄影的自然属性。诞生于 19 世纪上半叶的最早的照片，无论是尼普斯的《窗外景色》，还是达盖尔的《工作室一角》，给人巨大震撼的是其对现实的忠实记录能力。只有真实地反映社会生活的摄影作品才具有艺术价值和史料价值，有时它的史料价值可能更胜于它的艺术价值，如法国著名抓拍大师蒂埃·布勒松于 1944 年在刚被解放的德绍（德国一个城市）集中营里抓拍的《审讯》（图 11-1），以待遣回国的法国战俘中一个受害妇女认出了盖世太保的告密者后进行愤怒揭发的典型瞬间来表现人心的向背，从一个侧面揭示了这场战争的罪恶本质。

图 11-1 《审讯》

二、瞬间性

摄影的瞬间性具有两层含义：一是表现内容的瞬间性，它只能表现生活的某一凝固了的横断面，只能表现事物运动过程中某一具有丰富内涵的“决定性的瞬间”的静态；二是表现过程的瞬间性，即在按下快门“咔嚓”的那一极短的瞬间一次性完成，要么成功，要么失败。因此，摄影也被称为“遗憾的艺术”。

图 11-2 《布鲁塞尔》

在生活面前，摄影家没有“创造”的权利，而只有选择和表现的自由。他需要选择事件中最有意义的那一瞬间，选择最能反映生活本质的那个侧面，选择最有效地加以表现的角度来进行实录。当然，这种选择本身也就是艺术创造。摄影家始终应有抓拍意识，时刻注意观察和捕捉现实生活中正在发生的事物。如布勒松的《布鲁塞尔》（图 11-2），在马戏团的布棚外，两个男人正在隔着缝隙向里面偷看。前边的男人一副绅士打扮，显然对自己偷窥的行为觉得不妥，甚至有失身份，因此他警觉地关注周围有没有人注意他。后面工人打扮的男人却全然不顾周围发生的一切，专心致志地观看墙内的演出。这幕原是极为平凡的市民好奇心的寻常景象，布勒松却巧妙地抓住这极易被忽视的瞬间，用简单的镜头语言深刻地描述了两个人的不同性格特点和内心世界。

三、造型性

摄影艺术的造型主要是通过构图、光线、色彩、镜头等手段来表现的。

（一）构图

摄影构图就是对摄影画面各视觉要素的组织和安排，它是通过取景来完成的，包括形象构成元素的安排、画面造型元素的运用和拍摄点的选择等几方面。

1. 形象构成元素的安排

要确定主体、陪体、前景、背景的位置和大小，利用对比、景深等手段突出主体（趣味中心）。如利用黄金分割点来安排主体以避免画面呆板，利用物体大小在照片里的对比来突出距离，利用导入线引导读者到画面最吸引人的地方，利用物体之间的空间来表现孤立，利用我们熟悉的参照物来区分景物的大小等。

2. 画面造型元素的运用

要善于发现和组织点、线、面、形来构成画面形象，尽可能增强画面的感染力。

3. 拍摄点的选择

拍摄点是指摄影的方向、高度和距离。一般来说，正向拍摄有利于表现被摄对象的正面形象，擅长表现对称美的景物；侧向拍摄有利于表现被摄对象的立体感和空间感。平拍要突出前面的景物，画面符合人的视觉习惯；仰拍善于突出和夸张被摄对象的高度；俯拍有利于前后景物在画面上充分展示。远景有利于表现景物的气势，全景有利于表现景物的全貌，中景有利于表现景物或人物之间的关系，而近景、特写有利于表现景物的细节和人物的神态，这些与“远取其势，近取其神”的绘画理论是一致的。例如，解海龙的摄影作品《我要读书》，以一双特写的、渴望读书的大眼睛反映了贫困山区孩子特别渴望读书的强烈愿望，在社会上引起了极大的震撼，引起了人们对贫困山区孩子读书状况的普遍关注。

构图的整体要求是简洁、均衡、新颖。

（二）光线

摄影是光与影的艺术，是用光作画。光线分自然光和人工光两大类，在拍摄景物时自然光运用最多。光线入射方向与拍摄方向一致的称为顺光，顺光拍摄能全面地表达物体的质感，人物显得丰满、细腻、柔和，具有较强的真实感。光线从拍摄点的左侧或右侧照射到拍摄主体的称为侧光，侧光拍摄有利于表现对象的立体感。光线从拍摄对象的侧后方或正后方射来是逆光，逆光拍摄有利于清晰地勾画对象的轮廓线，宜于拍剪影。

（三）色彩

要最大限度地利用色彩的表情性、象征性为表达思想感情、营造画面气氛服务。在摄影中要确定画面总体的色彩倾向，以取得色彩的统一性。色彩的对比会使画面色彩鲜明、生动、醒目，具有强烈的视觉冲击力，而画面色彩效果的和谐、协调、柔和，会给人以舒展、优雅的美感。

（四）镜头

利用不同的镜头透视特性可以塑造独特的视觉形象，如长焦镜头会压缩空间透视，而广角镜头会夸张空间透视。画面的景深效果也是通过镜头来完成的。

第二节　摄影的审美

基于摄影艺术的审美特性，可以从记忆之美、定格之美、光影造型之美及影像创意之美等方面欣赏摄影作品。

一、记忆之美

（一）记忆之美的真切感

我们的家庭影集都忠实而朴素地记录着家庭成员几年甚至几十年前的容貌及服饰环境的变化，尽管这些照片有的技术较差，甚至用光、构图也不好，照片中的人物神情呆滞，然而人们还是十分珍惜，原因只有一个，这是我们的记忆。因此我们每看到过去的这些照片，便会勾起我们的回忆，带给我们栩栩如生的真切美感。

（二）记忆之美的见证性和期待感

每个时代、每个民族、每个人群都有各异的生活方式与生存状态，只要在一个时段中拍摄其场景、其人物就足以成为历史上珍贵的形象档案。这不仅具有深刻的社会意义，而且在回望之中人们会在心中荡起或幸福或辛酸的记忆，再一次体验人生的况味。工业化的急速发展使得自然环境迅速破坏，终有一天大自然的美丽将风光不再。于是很早以前便有一些摄影家开始了要为人们留下关于地球形貌永恒记忆的见证工作。

二、定格之美

真正能把转瞬之间掌握在手中，能轻而易举地把时间定格，化瞬间为永恒的只有摄影。摄影艺术的这种定格应该是最美的瞬间，是最有代表性的情景，是含义最丰富的典型，是世上独一无二的个性显现。正因为如此，定格的形象不会被岁月的河流淹没，定格的精彩会在人们心中长存。

穿过苹果的子弹、滴落飞溅的牛奶在我们的眼中只是看不清的现象，而高速摄影仿佛稀释了时间，可以使人清晰地看到快速变态的物象。

三、光影造型之美

摄影是光的艺术，用光塑形，用光表意，用光抒情。正如一位著名摄影师所说的："与其说我是一位摄影家，不如说我是一位用光影抒情的诗人。"斯泰肯在为罗丹拍摄肖像时，构图采用了三点均衡的形式，用顺光的白色大理石雨果像作为背景，侧光的《思想者》作为陪体，逆光的、思索的罗丹本人却只做坚定而深沉的剪影状。让光随人而动，或者让心随光而动，都可以令我们的摄影作品如诗如歌。

图 11-3　《正午》

在影像的表现上，有人迷恋黑白，有人喜欢彩色。色彩展现着世界的丰富多彩，色彩的真实感能增强纪实的效果，许多自然风光的彩色摄影使我们即使未到过那个地方，也能够感受到它的迷人及魅力。黑白有着令人体验不尽的黑白韵味，它寓丰富于单纯，化平凡为神奇，使我们与客观物象拉开了距离，为我们带来更多的想象空间。美国人韦斯顿拍摄于百年之前的《岸边水杉》，有如凝固的火焰，有如翻卷的旗帜，由物及人，充满了生命的活力。黑白影像突出了轮廓与层面的精髓——光与影的神韵，从而更本质地展示了物象的特征，流溢出拍摄者的体验与情感。蔡涌江摄于繁忙的秦皇岛码头的《正午》（图 11-3），用简约的黑白、简约的构图表现正午阳光下墙上阶梯的明暗相间、曲折有致，呈现给我们的是一种纯洁明快之美，一种秩序与变化之美。只有黑白，让形象鲜明，让人产生联想，让视觉只有起点没有终点，让人们在视觉欣赏中陶醉。黑白的精细、厚重、简约、抽象，黑白特有的技术严谨性和意识深邃性都使其别具魅力而常看常新。

四、影像创意之美

（一）想象之美

在摄影美的追求中，一方面，人们追求着面对现实的记忆之美、定格之美、光影之美，另一方面，力求在摄影作品中表现自己的想象，不满足于客观纪实而充满想象力的创造。特别是超现实摄影作品，不仅要客观，更要主观；不仅要内容，更要形式；不仅要共性，更要个性；不仅要再现，更要表现。如“世界十大摄影家”的菲利普·哈里斯曼以拍摄奇思妙想而闻名世界，他的《原子的达利》《红粉骷髅》等超现实的摄影作品都被公认为摄影经典。他在 1949 年为有学识又多才多艺的法国艺术家高克多拍摄的肖像，形象荒诞离奇，却又合情合理。想象的创造空间比宇宙还大，在时间上就可以回溯过去，展望未来。

对于摄影创作我们习惯于选择典型，抓拍瞬间，用光影塑造，我们还应该拓展另一条路：在想象中创造。数码处理技术让摄影如虎添翼，在影像表现力上获得了彻底的解放，每个摄影元素都获得了极大的重新组合与无限展示的空间。

想象之美极大地开拓了视觉艺术的天地，前所未有，开天辟地，如梦如幻是其鲜明特点。想象之美在新奇中富有诗情，在荒诞中富有哲理，不仅有视觉吸引，更有心灵感动。想象之美启迪人的智慧，激发人们去探索未知世界的勇气，使人生更有朝气。

（二）独特性追求

独特性使艺术永远鲜活，创新是艺术的生命，真正的摄影美的创造必然包含作者从拍摄到制作的独特性追求。那些找不到什么独特性的摄影只能称为照片，而不是具有审美创造意义的作品。

五、音乐之美

美国摄影大师亚当斯说“好的照片能够使人听到音乐”“我的底片就是乐谱，我的照片就是乐谱的演奏”。走进亚当斯作品展大厅，欣赏他的100多幅黑白风光作品，寂静中仿佛听见宏伟而精微的山水交响乐在演奏。

节奏是摄影画面构成的基础，优秀的摄影作品能让人觉得井然有序又富于变化。如拍摄于北京城市雕塑公园后期又运用数码创意的《思想者》，影像的叠加使节奏更加突出，人面的专注，铁脸的重复，在柔软与钢硬之间，在虚虚实实之间，节奏的推进成了思维的推进，荒诞而有趣，视觉的节奏引起内心情感的起伏，从视觉到心灵，人们会在内心升起一种音乐般的美感。

旋律是摄影画面构成的核心。《大地血脉——巴音布鲁克》表现的是新疆大地，宽阔无边，美丽无垠，巴音布鲁克河弯弯曲曲地、从容地在大地上流淌，人们登高远望，暮色苍茫中，河流泛着白光缓缓流向远方。“江流天地外，山色有无中”，寂寥中仿佛有音响由近而远，由强到弱，视觉的感受，情感的升腾，化为音乐般节奏的推进与旋律的起伏，视觉的乐感油然而生。《火红的乐章》这幅拍摄于钢铁厂的作品由于采取了俯摄的角度，因而场地上的构件便呈现出曲折有致而无限延伸的线条。这些线条起伏变化极大，有如气势宏伟、强劲热烈的旋律在游动舒卷。火红的基调，明暗深浅的过渡，在人们心中激越起热烈的情感，犹如音乐的波动，一种静中有动的美感悄然升起。

优美的摄影作品往往不单纯是线条、影调、色块的节奏，也不单纯是旋律的起伏与变幻，而是一种节奏旋律相融、相辅、相成的和声。《太湖帆影》就是一幅气势宏伟而又令人赏心悦目的佳作，在白云蓝天的衬景中，繁华的节奏被舒展的枝条的旋律编织为春色一派的热闹，渔帆点点的节奏与桅杆高低的起伏旋律又合成了平和与优雅。《太湖帆影》是摄影，又是音乐。

摄影走向音乐，就是走向情感、走向创造。让我们的心灵充满动人的音乐，让我们的摄影流溢着节奏、旋律与和弦，让我们的视觉享受着更多美妙的乐感。

第十二章 雕塑与美育教学

雕塑是用可雕刻的物质材料（木、石、金属等）或可塑造的物质材料（黏土、石膏、塑料等）制成的立体造型艺术。

中国古代的雕塑艺术，是祖国极其丰富的文化艺术遗产。各个时代都有无数的艺术匠师们以惊人的毅力、智慧和气魄，天才地创造了难以数计的、精美动人的雕塑作品。中华人民共和国成立以后，中国现代雕塑艺术有了很大发展，出现了许多优秀的雕塑作品，许多城市都建立大型纪念性雕塑和园林雕塑，这对于美化城市环境、丰富人民精神生活、潜移默化地对人民进行美的教育和政治思想教育发挥着重要作用。一些外国现代雕塑家也创作出了许多优秀作品为世界人民所喜爱。古希腊、古罗马时代的雕塑家创作了许多具有优美灵魂和形体的神、英雄名人的雕像，至今这些作品已成为全人类的文化瑰宝。

第一节 雕塑的美育教学功能

一、造型美

雕塑具有实体性，是体积造型艺术，其主要对象是人体，而雕塑在表现人体美方面，可以达到很高的艺术境界，是其他艺术形式无法达到的。雕塑能从人体的转折、体积的变化、面部的表情和肌肉筋脉的刻画来表现人的精神、情绪和气质。

图 12-1　《维纳斯》

雕塑《维纳斯》（图 12-1）是驰名世界的艺术瑰宝，被誉为美的化身，作品高 2 米多，大约创作于公元前二三世纪。维纳斯雕像表现着丰富的形体美：她的面部具有希腊美女的典型特征——笔直的鼻梁、椭圆的面孔、丰满的下巴和波状的发髻，还有着一双充满智慧的美丽眼睛；她的头和胸向左侧，上身裸露，下身被裙子遮住，臀部略向右侧，左腿微微抬起，全身取旋转上升的趋向，女性曲线美的魅力得到了充分的展示；她的身体各部分起伏变化和谐且富有音乐的节奏感，轮廓清晰，具有一种天然的轮廓美。从她优美的身姿和表情里，表现出一种难以言传的崇高、典雅、雍容和亲切的理性之美，也表现出一种纯洁、坦荡、安详和尊严的精神之美。欣赏者面对雕像还会感到肌体的起伏变化十分微妙而丰富，仿佛皮肤是温暖的，充满了青春健美的活力。法国雕塑家罗丹曾说：“抚摸这座像的时候，几乎会觉得是温暖的。”这种触觉感受来源于欣赏者视觉感受后引起的联想。残缺的双臂并不影响维纳斯的美。从艺术欣赏的角度看，它给欣赏者提供了想象和再创造的广阔天地，在想象和再创造中，会使欣赏者获得更多的真、善、美的享受。

图 12-2　兵马俑

秦始皇陵在陕西临潼，1974 年这里出土了震惊中外的大型随葬兵马俑（俑是代替真人殉葬的仿人形制品）（图 12-2）。现已挖掘出土的俑坑有 3 个，共有 8000 余件秦代的陶制兵马俑，这是一支浩浩荡荡、气势宏伟的地下大军，是我国及世界雕塑艺术珍品，被国际友人誉为“20 世纪壮观的考古发现”“世界第八个奇迹”。

兵马俑的阵势宏大磅礴，已使人们惊叹，而每个将军、士兵、战马的形象更让人赞叹，在雕塑的造型上表现了高超的技艺。各类武士俑身材的高低、胖瘦以及脸型、发型的样式等，都刻画得十分逼真。从面部来看，有方脸的，有圆脸的，有满脸络须的，有眉目清秀的。透过外貌能看到他们的性情，有鲁莽豪爽的，有寡言内秀的，有憨厚朴实的。将军俑，身材魁梧，身佩长剑，颏下飘须。有面孔圆润、年纪较小的、纯朴的小战士，也有额有皱纹、神情严肃稳健的老战士……陶马的胸部塑得宽阔、丰厚，胸肌隆突，透皮见骨；臀部圆润，肌肉丰满；头部眼眶高隆，眼珠突起，表现出警觉的神情和姿态。

雕塑作品的造型美，显示出雕塑艺术的永久魅力，能够给人们以美的享受。欣赏雕塑作品，首先要看能不能感受到它那以形写神、形神兼备、栩栩如生的完美造型，进而做出中肯的分析和深刻的理解。

二、含蓄美

雕塑的单纯性集中了欣赏者对中心主题的注意，雕塑的象征性启发了欣赏者的丰富联想和无穷回味。因此，欣赏雕塑作品既要能认识表现其形式的外在造型美，更要能体会表现其内容的内在含蓄美。含蓄，就是含而不露、耐人寻味的意思。含蓄美的内容往往以美的形式含蓄地表现出来，欣赏者只有通过想象，才能体会得更准确、更全面、更深刻。

图 12-3　《掷铁饼者》

图 12-4　《艰苦岁月》

公元前 5 世纪的米隆是希腊最杰出的雕塑家之一，《掷铁饼者》（图 12-3）是他的杰作。在人物的造型上艺术家选取了竞技状态所达到的最关键时刻，运动员的重心落在右脚上、紧握铁饼的右手摆向最高点，全身处于“一触即发”的瞬间。这种所谓“引而不发”的状态，显得更有吸引力。艺术家把握了从一种状态转换到另一种状态的关键环节，使欣赏者在心理上产生了“运动感”。也就是说，使欣赏者从静止的状态中想象出即将发生的急速转体、投掷动作和把铁饼掷很远很远的情景。这种能够唤起欣赏者丰富想象的雕塑作品，才是表现含蓄美的作品，才是具有艺术魅力的作品。

潘鹤的《艰苦岁月》（图 12-4）是架上雕塑的优秀作品。作品选择的情节是在战斗的间隙老战士吹笛子，小战士依偎在他身旁，出神地听着，表现了在艰苦岁月，战士们保持着坚定的信仰和高尚的情操。在欣赏这一作品时，会唤起我们丰富的想象，我们看到两位战士的衣服破烂不堪、都打着赤脚以及老战士满脸的胡茬子，会使我们想象到战争年代的物质生活是极端艰苦的，但他们仍然保持着革命的乐观主义精神。我们看到战士口吹长笛的神态，会想象到老战士摇晃着身子并用脚打着拍子的样子，仿佛吹奏出来的悠扬笛声就在我们耳边回响。进而还可以想象老战士吹起笛子是在抒发对家乡人民的思念之情，也可能是在丰富战士的精神生活、鼓舞战士的士气，也可能是在排练节目，准备联欢来庆祝战斗的胜利……这一切，很显然，超出了雕塑所给予欣赏者的直接表象。我们仿佛看到的、听到的和想到的这一切是如此活跃、如此丰富，生动地体现了雕塑具有的以静示动、以少示多、以无声示有声的象征性。这丰富的联想和想象，有着无穷的回味和思考，表现了雕塑的含蓄美。一部好的雕塑作品，总是“以一当十”，使欣赏者领会广泛而深刻的思想内容。

三、材质美

雕塑作品使用的材料，要利用材质的不同特点，才能更好地表现内容，罗丹的《思想者》用的是石材，这就表现了女性的纯洁、秀美和纯朴。特别是人物头像细腻刻画，下半部还有石体的砸痕，运用粗细对比手法，使作品更具感染力。田世信的《欢乐柱》（图 12-5）用木材雕成，使作品更具有侗族地区的乡土气息。如果将以上三种材料任意调换，就失去了内容和材料相协调的美。所以，雕塑作品要显示材质的美感。

图 12-5　《欢乐柱》

四、环境美

雕塑具有装饰性。雕塑除了自身所具有的审美属性给人们美感之外，它的放置环境与之相适应也是一个重要因素。在鲁迅故居放置鲁迅雕像，在徐悲鸿纪念馆放置徐悲鸿雕像，在医院的办公室放置白求恩雕像，在音乐学院的钢琴室放置贝多芬的雕像，都是与环境相协调的。绍兴的大禹雕像、嘉兴的秋瑾雕像、杭州的岳飞雕像、南京雨花台的烈士群体雕像、上海外滩的陈毅雕像等，歌颂了人们心中可钦可敬的崇高形象。这些雕像不但具有自身的美，而且与周围环境相结合，形成统一协调的意境美。所以欣赏雕塑美要考虑和分析雕塑作品安置的环境。

中国古代雕塑可以美化环境，如在门口放置石狮、铜鹤等，在华表上雕有浮雕云龙，在屋顶上放置龙、凤、神等。现代雕塑也在美化着环境，除了写实的以外，还出现了写意的、变形的、抽象的、奇特的、流线型的等，对于美化居室、园林、城市的环境发挥着重要作用。代表当今时代风格的新型雕塑，越来越受到重视和欢迎。

第二节　雕塑的美育教学特征

一、实体性

雕塑与绘画同是造型艺术，绘画的造型是在二维平面内展现具有三维感的形象，这形象是通过视觉上的错觉显示出虚幻的真实。而雕塑是在三维空间运用某种物质材料直接塑造形象的实体，雕塑比绘画更能创造出栩栩如生、逼真的立体感。雕塑是“体积的艺术”。雕塑可以在不同距离、不同光照、不同视角的情况下，展现出“多面”的复杂变化，这就给欣赏者留下更为广阔的再创造余地，享受更为丰富的视觉美。雕塑的实体性使雕塑成为可以观看又可以触摸的艺术形象，人们对物质材料的质感有丰富的审美体验。

罗丹的《思想者》（图 12-6）是一个强健有力的男子汉正为痛苦和烦恼

陷入深深的沉思之中，那遍体隆起的青筋，那全身紧张的肌肉，那以回拢的手臂和硕大的拳头支撑着的低垂的头，带动整个形体动作缩成一团。那咬手皱眉的动态表情和深沉思索的目光，寄托了他为真理求索的思想感情，构成和塑造了一个正在觉醒中的战士。

图 12-6　《思想者》

图 12-7　《马踏飞燕》

具有悠久历史和灿烂文化的中华民族，古代的雕塑艺术丝毫不逊色于古希腊。公元前 4000 多年我国就有了青铜器，铜塑艺术源远流长，1969 年出土的 2000 多年前的一尊铜塑《马踏飞燕》（图 12-7）即是明证。这尊铜塑新颖别致，别具一格。奔马的形体矫健，昂首嘶鸣，三足腾起，一足踏在一只飞起的天鸟上，以蹄踏飞燕来表现奔马非凡的速度，说明这是一匹力气大而又跑得快的骏马。这尊铜塑生动地表现了均衡的造型美和形体的动态美。如果这一作品放在较高的位置，人们从下向上观赏时，又表现出一种“天马行空”的意境美。

二、单纯性

雕塑与绘画创造的形象所存在的空间不同，取材范围和表现方式也不一样。因此，和绘画相比，雕塑在对人物神情姿态的刻画上往往不如绘画细致，而且也不能仔细地描绘人物活动的环境和具体的情节。这说明雕塑有局限性。从审美的角度来说，这种弱点还可以视为优点，因为它可以表现出雕塑艺术的单纯之美和凝练之美，作者可以避免缛繁细节的表达，突出主要物象，欣赏者可以把注意力完全集中在主要物象上。

图 12-8　《刘胡兰》

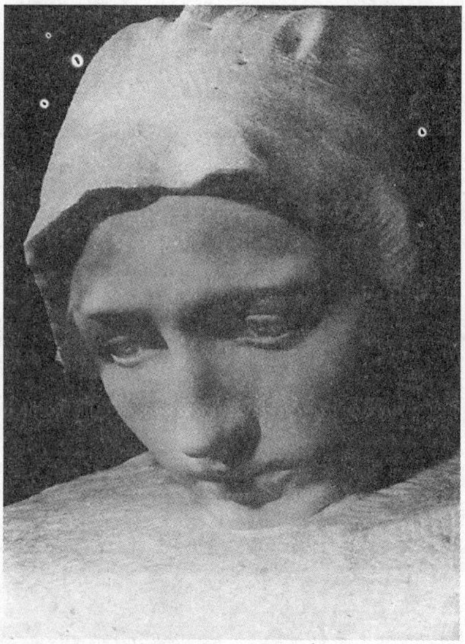

图 12-9　《思》

著名的雕塑家、美学家王朝闻的成功作品《刘胡兰》（图 12-8）仅仅是用刘胡兰挺身的形体和凝视前方的眼神，就生动地表现了刘胡兰不怕威胁、坚贞不屈、大义凛然、视死如归的英雄气概。如果再加上六位农民难友、一帮匪徒，就会分散观赏刘胡兰英雄形象的注意力，同时也就削弱了作品的主题思想。法国近代雕塑艺术大师罗丹创作的石雕《思》（图 12-9）塑造了一个年轻、秀美、聪慧而纯朴的女性形象，她低着头，正沉浸在思考之中，那忧郁而凝视的目光、紧闭的双唇，表露了她丰富、复杂的内心世界，她似乎正处在深沉的冲突和痛苦之中。可是，在这美丽的头部下面，却没有脖颈、肩膀、身躯和手足，而是一块粗粗凿成的方形石头。罗丹曾解释说：因为她在“冥想，所以没有手来动作，没有脚来走路”。他认为，在一些和主旨不相关的局部上加工雕琢，只会损害对中心主题的注意，因此是不必要的。这就是他在这个女性头像下面保留一整块粗糙石头的原因。人们在欣赏这件作品时，开始觉得好像没做完，形象似乎不完整，但渐渐地注意力就会完全为这个仅有头部的美丽女性所吸引，会随着她的沉思冥想而发挥出自己丰富的想象，对她没有手足、没有身躯不再困惑。一个成功的雕塑作品，总是以单纯简练的手法赋予作品丰富深刻的内容，从而获得以少胜多、以有限寓无限的艺术效果。

三、象征性

雕塑不善于直接再现人物间、事物间以及人物与环境之间的复杂关系，不善于直接表现事物发展的过程。这就决定了雕塑要更多地运用寓意、暗示、象征性的手法，以静示动、以少示多、以无声示有声，使欣赏者产生丰富的联想。在生活形象的基础上，高度精练地加工创造出新形象，使新形象成为“静止的舞蹈”。

在古埃及狮子是力量的象征，法老（国王）喜欢用狮子比喻自己，所以金字塔就用狮身人面像作为法老力量的象征。

图 12-10　《大卫》

被称为意大利文艺复兴“三杰”之一的米开朗琪罗创作的雕塑《大卫》（图 12-10），表现了一个刚毅而强健的英雄，他浑身的肌肉充满了生命和活力，侧视的目光威力无比，从直立的右脚和点地的左脚以及左手紧握的投掷姿势可以看出，他正准备发出置敌人于死地的一弹，表现出一个英雄坚毅、刚强、果断的性格。这一雕像体现了作者期望当时正处在分裂状态的祖国能够统一，象征着作者和当时意大利人民反抗压迫和束缚、争取自由与渴求解放的坚强意志。

黑格尔认为，雕塑家往往“用人体形象去表现精神”，把灵魂灌注到石头里去，使它柔润起来，活起来。雕塑的象征性在于寓意深刻而含蓄，能够唤起欣赏者种种相关的联想，引起欣赏者回味无穷的美的感受。

四、装饰性

雕塑能够装饰美化环境，能够与周围环境相结合形成一种统一协调的意境美。很多雕塑用来美化室内环境，或用来装点公园、广场、建筑和陵园等，因而巧妙地结合周围环境的特点，安排适当的雕塑作品，是雕塑创作的原则之一。

图 12-11　《马踏匈奴》

我国汉武帝时期带兵讨伐匈奴的名将霍去病的墓，在筹建之前就选择了象征他一生戎马生涯的地形，主墓放在用土堆成的“祁连山”上。《马踏匈奴》（图 12-11）就是墓前石雕中最有代表性的作品。周围还有《卧马》《跃马》《伏虎》《卧牛》等石雕。唐代首都长安（今西安）周围历代帝王的十八陵、北京北部的明十三陵等都有许多石雕，其中通往长陵的神道就站立着 18 对石人、石马、石象等。这些石雕装饰了整个陵墓，创造了统一协调的意境。

图 12-12　巴黎公社社员墙

被称作“巴黎公社社员墙”的浮雕造型，建在巴黎公社最后一批战士壮烈牺牲的拉雪兹公墓里（图 12-12）。雕刻家利用墙面，通过浮雕造型塑造了 30 多位公社战士的形象，在碑的正中，用近乎浮雕的形式塑造了一位象征奋力保卫公社社员的女神雕像。石墙上的累累弹痕，使人联想到当年弥漫着硝烟的激烈战斗场面，也充分显示出公社社员为了无产阶级事业视死如归的英雄气概。在战士壮烈牺牲的地方建立起纪念先烈的雕塑，更增强了悲壮气氛，使欣赏者受到教育和启迪。

在中山公园放置孙中山雕像，在体育场馆周围放置一组篮球、排球、游泳、跳水、赛跑、跳高等运动员运动姿态的雕像，都能使雕塑作品与周围环境相协调，创造出一种装饰之美、整体之美。

第十三章　音乐与美育教学

音乐按形式分为声乐和器乐；按国别分为中国音乐和外国音乐；按时代分为古典音乐和现代音乐；按有无标题分为标题音乐和无标题音乐；按体裁分为歌曲、合唱曲、组曲、交响曲、进行曲、圆舞曲、协奏曲、幻想曲、夜曲、序曲以及吹打、说唱音乐、歌剧音乐、舞剧音乐、影视音乐等；按类型分为民间音乐、艺术音乐和通俗音乐。

第一节　音乐的美育教学功能

民间音乐来自广大的劳动人民。原始社会的人们，在劳动中协调动作时喊出号子，在生活中表现思想感情时发出或喜悦、或愤怒、或悲哀的声音，人们把这些动听的声音世世代代传唱，逐步形成了风格各异、绚丽多彩的民间音乐。俄罗斯作曲家格林卡说，真正的音乐是人民创造的，作曲家只不过把它们改编而已。民间音乐是音乐创作的源泉。我国民间音乐历史悠久，遗产丰富，包括民歌、民族器乐、说唱音乐、戏曲音乐、歌舞音乐等。

艺术音乐是指作曲家创作或经过作曲家进行较大修改、加工的音乐作品。这些作品的内容、形式、文学性、艺术性、和声、配器等方面都在艺术上达到了一定的高度，同时表演上运用了较科学的方法。例如，在器乐方面，各种乐队都有固定的乐器编制和全面系统的训练方法及表演方式；在声乐方面，主要采用美声唱法，其风格特点是音乐优美，发音自如，音量丰富，音与音的连接平滑匀净，穿透力强，但也常表现出追求声音效果、炫技和程式化的倾向。

通俗音乐泛指一种通俗易懂、轻松活泼、易于流传、拥有广大听众的音乐。它有别于严肃音乐、古典音乐和传统的民间音乐，也称为流行音乐。通俗音乐大多取材于日常现实生活。声乐作品以爱情歌曲为主导，也有描写人生伦理、生活理想、思念故乡、故事以及现实社会因素等的内容，其形式内容广泛多样。通俗音乐的结构形式通常比较短小简练，常与舞蹈结合在一起，力求易记易唱，音域较为狭窄，节奏上强调强烈、清晰、单纯而富有变化。

优美的音乐作品有强大的感染力，可以鼓舞斗志，振奋精神，提高人的思想境界，培养人的高尚情操，同时还可以给人们以美的享受。《黄河大合唱》对于号召人民、团结人民、鼓舞人民抗击日本侵略者起了积极作用。歌曲《歌唱祖国》，歌颂了新中国朝气蓬勃、蒸蒸日上的新面貌，激发了中国人民热爱祖国之情。歌曲《年轻的朋友来相会》，道出了“为祖国、为四化流过多少汗？”的主题思想，表现了年轻人互相鼓励、互相竞赛的精神面貌。年轻人是音乐的知音。据国内外的调查统计表明，音乐在年轻一代的爱好中占据首位。青年学生应该是音乐美的最佳欣赏者和最佳创作者。

第二节　音乐的审美

音乐是一门听觉艺术。音乐欣赏是听觉器官的审美要求，任何一部音乐作品都需要借助听觉来实现其欣赏活动，这是音乐艺术同其他艺术的重大区别。在音乐欣赏过程中，人类不会仅仅满足于一般的感官刺激（好听或不好听），而是要从音响的感知上升到体验，随后理解音乐的内涵，通过想象等心理功能，再加上理性的判断和认识，从而形成一种审美享受，使欣赏者感到精神上的满足和心情上的愉悦。所以，音乐欣赏的过程大致是：官能欣赏—情感欣赏—理智欣赏三个步骤和层次，呈现出由浅入深、由感性到理性的发展过程。

一、倾听作品的音乐效果——官能欣赏

细心倾听作品的音乐效果，对作品有比较真切的印象，才能体会作品所表现的思想感情内容，从中得到享受和感染。这是音乐欣赏的感性基础，同时也可以培养和提高自己对音乐音响的辨别能力和对音乐的记忆力。具体要细心倾听音乐基本要素的特点效果。

（一）旋律的特点

旋律是音乐的重要表现手段，是音乐的灵魂，因此，欣赏者首先必须细心倾听旋律。例如，管弦乐曲《春节序曲》，前奏的旋律热烈欢腾、活泼跳跃，生动地描绘了中国人民在欢庆传统节日时敲锣打鼓的热闹场面。欣赏者要对音乐旋律的特点做出分析和评价。

（二）节奏的特点

音乐的节奏千变万化，欣赏者要分析其具有的节奏特点，如《黄河船夫曲》，其节奏来源于船工号子，通过快慢、强弱形成强烈对比的节奏，才能形象地表现黄河船夫拼着性命与惊涛骇浪搏斗的情景。再如云南山歌《小河淌水》将自由延长音在歌曲中多次反复地应用，不但没有给人一种生硬突兀的感觉，反而使听者显得更加亲切。

（三）和声的效果

对多声部的乐曲，欣赏时就要分析各个声部、各种乐器之间是怎样组合的，要体会各声部结合在一起所产生的既和谐统一又鲜明对比并穿插起伏的音乐效果。

如歌剧《洪湖水，浪打浪》中，在第一旋律（韩英唱）上，加进第二旋律（秋菊唱），两条旋律此起彼落、互相呼应、穿插起伏，交织在一起，产生了非常美的音的共鸣，进一步抒发了他们对家乡和侨民的热爱之情。再如长征组歌中的《过雪山草地》采取了四个声部的合唱和独唱相结合的手法。四个声部以激越的歌声汇合在一起，再出现男声高亢明亮、壮阔豪迈的独唱，

其和声效果深沉丰满、气势磅礴，淋漓尽致地表现了革命乐观主义精神和高尚的革命情操。

官能欣赏是对音乐的直觉感受，主要满足于悦耳好听，但也要对作品的旋律、节奏、和声、音色等音乐的基本要素，有切身感受、起码的认知和恰当的评价。

二、体会作品的思想感情——情感欣赏

古今中外许多优秀的音乐作品，往往都表现了作曲家在一定社会生活影响下所产生的不同情感。因此，欣赏者就需要去体会作品中表现的感情内容。例如，《松花江上》（张寒晖词曲）作于1936年，当时，作者正在西安教书，天天看到被蒋介石驱赶到“剿共”前线的东北官兵携老带小，遍布街头，他们被迫流亡关内，有家不能归，有仇不能报，却要为反共的内战去卖命，每个人心里都充满着痛苦和悲愤。作者就是在这种社会生活中，产生了和人民群众同样的情感体验，谱写了这首感人肺腑的独唱曲。歌曲以倾诉性的音调贯穿全曲，兼有叙事和抒情的特点，真切感人，在如泣如诉的歌声中蕴藏着要起来抗争的力量。我们欣赏这首歌时，往往会不由自主地为它表现的感情所感动。

音乐的特点是注重感情的描写，不可能像绘画、小说、电影那样，把具体的形象和故事情节表现出来。欣赏者必须在音乐作品的音乐效果中受到感染与启示，继而展开想象和联想，更形象、更生动地体会音乐作品中所表现的感情内容。

从《百鸟朝凤》（唢呐独奏曲）乐曲中可以听到模拟的布谷鸟、山喳喳、小燕子、蝉虫的鸣叫声。我们可以想象在春光明媚的茂密树林里，这些动物聚集在一起，布谷鸟在报春，山喳喳在对话，小燕子在争吵，蝉虫出来劝架……这些音乐形象展示出大自然的美好与勃勃生机。我们也可以想象出另一种景象，在百鸟之王——凤凰的寿辰大喜之日，千百只鸟儿怀着喜悦的心情纷纷前来祝寿朝拜，并且在凤凰面前充分展示自己的文艺才能，唱歌跳舞，热闹非凡。欣赏这种描绘性的音乐时，就要通过想象和联想，把音乐的音响转化

为生活的形象，才会产生不同的情感体验。

欣赏带有一定情节性的音乐作品之前，最好对标题、文字说明和有关故事情节有所了解，这样才能使想象和联想有比较正确的依据。如要欣赏交响诗《嘎达梅林》，就要预先知道20世纪初蒙古族人民的英雄嘎达梅林率领人民起义和后来壮烈牺牲的故事，在欣赏中运用想象和联想，把音乐的语言（旋律、节奏等）和它所表现的特定的情节内容挂起钩来。

有的作品不属于描绘性，不属于情节性，而是表现作曲者对生活的感受和反映作曲者的内心感情，这些作品常是没有标题的。欣赏这些作品时，在倾听作品的音乐效果和理解其所表现的感情的同时，还要对乐曲的意境与音乐形象展开自由的想象。但不能胡编乱想，要在音乐作品所提供的感情范围内，适当地发挥音乐欣赏中自由想象的作用。如地方戏曲开演前的民间曲牌《十八板》（三弦独奏曲）属于纯音乐，没有文字说明和描绘因素，乐曲描绘的形象只有通过自由的想象和联想才能得以实现。乐曲共有七个小段，如第一段表现了北方人民乐观、豪爽的性格；第五段渲染出民间喜庆节日的热烈场面。全曲富于生活气息，并具有浓郁的乡土风味。至于北方人的具体形象、喜庆的生活情景场面，就全靠欣赏者的自由想象了。

纯音乐的外国作品也有很多，如贝多芬的《D大调弦乐三重奏》、舒伯特的《未完成交响曲》、肖邦的《C小调练习曲》等，欣赏这些作品同样要细心倾听作品的音乐效果，通过展开自由的想象而形成音乐形象，体会作品的思想感情，并在感情上产生共鸣，使自己进入到音乐所创造的意境之中。

三、理解作品的深刻内容——理智欣赏

这是音乐欣赏的高级阶段，它对音乐的感知是深刻的，对音乐的审美是全面的。音乐欣赏只停留在知觉欣赏和感情欣赏是比较肤浅的，应该在这个基础上对音乐作品进行理智的、全面的综合分析，包括对作者的创作动机、创作背景、创作风格、作品的音乐主题、思想内容、民族特征、有无创新等，做出知识性、专业性的赏析。

俄罗斯民歌《伏尔加船夫曲》是一首举世闻名的纤夫之歌，它产生于旧

俄时期的伏尔加河流域，大约在7世纪中叶开始流传。最早的歌词含有非常明显的反对专制统治的内容，当局多次审查、干涉，所以歌词中带政治性的内容就隐蔽起来。但歌词中仍有“齐心合力把纤拉……踏开世界不平路……对着太阳唱起歌”，这充满了战斗精神的歌声，表现了他们坚忍不拔的性格和向往光明的思想感情。

《伏尔加船夫曲》是劳动歌曲。歌曲的旋律庄重浑厚、激越悲壮，是纯朴的劳动呼声，表现出被迫劳动的痛苦和沉重的叹息。歌曲的节奏沉稳坚定、顿挫缓慢，反映出纤夫在繁重的劳动中动作的均匀和一致性。

通过歌声，我们仿佛看到了在伏尔加河辽阔的沙滩上，一群套着纤索的纤夫正从远处渐渐走近的形象。此后，旋律便在这四个小节所奠定的基础上发生变化，“穿过茂密的白桦林，踏开世界不平路”的歌词所用的旋律都是一致的，但力度却逐步加强，直到“穿过茂密的白桦林，踏开世界不平路”的歌词再次出现，全曲推向第一个高潮。歌声从弱到强，越来越有力，这是全曲的第二个高潮。这之后音乐不断向前推进，当唱到“伏尔加，可爱的母亲啊，河水滔滔深又阔”时，全曲达到最高潮，整个歌曲力度的处理是由弱到强，然后逐渐减弱以至消逝，使欣赏者仿佛看到一队纤夫由远而近又由近而远的形象，进入了伏尔加河畔辽阔的沙滩的意境之中。

欣赏器乐作品，曲中虽无词可依，但透过标题来理解音乐内容，也会帮助我们较好地领悟音乐的内涵。如若在欣赏小提琴协奏曲《梁山伯与祝英台》之前能够事先知道它的故事情节，就有助于我们对整个乐曲的理解。乐曲主要分为三部分：草桥结拜、英台抗婚和坟前化蝶。乐曲的具体结构是：引子——春光明媚，鸟语花香；呈示部——相爱（草桥结拜、共读共嬉、长亭惜别）；展开部——抗婚（逼婚、楼台相会、哭灵投坟）；再现部——化蝶（尾声）。

乐曲一开始，长笛和双簧管自由的节奏与秀美而明丽的旋律，把欣赏者引入江南初春的胜景之中，独奏小提琴在竖琴的伴奏下，奏出了纯朴而美丽的“爱情主题”。

接着，独奏小提琴和大提琴相应奏出优美的旋律，就好像梁祝二人娓娓对答，表现着他们纯朴的、兄弟般的情谊，欣赏者可以联想到梁祝在草桥结拜。此后，独奏小提琴、古筝、琵琶的演奏，奏出了轻盈而洋溢着跳跃感的旋律（利用中国民族乐器的演奏技巧丰富了交响乐的表现力），把梁祝二人同窗三载、共读共玩的生活画面展示给欣赏者。接着转入慢板，大提琴与小提琴曲调连绵、委婉、缓慢、纤弱，表现了梁祝二人深切缠绵的深情，使欣赏者也沉浸在梁祝“十八相送”“长亭惜别”的意境之中。

第二部分展开部，沉重的大锣和大提琴、大管的音响预示出不祥的征兆，铜管奏出了凶暴的封建势力的主题。低沉阴暗的曲调，使欣赏者感受到阴森可怕的逼婚情景。独奏小提琴奏出了祝英台惶惶不安的痛苦心情，接着又奏出了反抗的主题。两个主题音调交替出现、相互冲突，出现了激烈的逼婚抗婚场面。随后乐曲转入慢板，小提琴和大提琴的对答表现出梁祝“楼台相会、互诉衷肠”的情景。

两条旋律形成了一首凄楚婉转、如泣如诉的“二重唱”。然后，音乐急转直下，变得激昂而果断，令人肝胆欲裂。这是描写“哭灵”“投坟”的情景，接着一声锣鼓齐鸣，英台纵身跳坟。英台用死表现她的不平和对爱情的忠诚，乐队发出愤愤的轰鸣声，烘托全剧达到最高潮。

第三部分再现部，长笛和竖琴的演奏把欣赏者带入了一个风和日丽、彩蝶飞舞的幻觉中的仙境。独奏小提琴重新奏出了优美的爱情主题，梁祝已化成一对彩蝶飞舞在万花丛中，表现了梁祝死后相伴相爱的动人情景。尾声，表达了人们对梁祝悲惨命运的同情和惋惜，也表达了人们对梁祝忠贞爱情的祝愿和歌颂。

《梁祝》吸收了越剧的部分音调，有着显著的民族特征，在国内被称为“民族的交响音乐”，国外音乐评论家称它是“《蝴蝶的爱情》协奏曲”，是一部“迷人、新奇、具有独创性的作品”。

音乐欣赏有两种观念，或者说表现出高级、低级两种途径。第一种是先从有关的资料或他人那里了解一部音乐作品具体表现了什么、作品的时代背景和作曲家的生平等，然后自己在欣赏过程中把这些了解的内容听出来，这种做法使人容易理解和接受音乐，特别对初涉音乐的人。第二种是在音乐欣赏中靠自己聆听、自己想象来理解音乐作品的内容，然后再通过看有关的资料或与他人交流进行补充、验证和提高，把音乐欣赏提到一个更高的层次。对于青少年学生来说，两种途径都应实践，由低级逐步向高级过渡，最终成为真正的音乐知音。

参考文献

[1]赵道飞，陆阳秋. 美学教育与艺术鉴赏[M]. 南京：东南大学出版社，2007.

[2]谭霈生. 电影美学基础[M]. 北京：中国戏剧出版社，2005.

[3]曾繁仁. 现代美学教育理论[M]. 郑州：河南人民出版社，2006.

[4]姚军. 大学美学教育[M]. 北京：国防工业出版社，2010.

[5]孟唐琳，窦俊霞. 美学基础[M]. 北京：化学工业出版社，2010.

[6]孙荣春. 大学美学教育[M]. 苏州：苏州大学出版社，2007.

[7]冉祥华. 美学教育的当代发展[M]. 北京：新华出版社，2008.

[8]李岚清. 李岚清音乐笔谈[M]. 北京：高等教育出版社，2004.

[9]金兆钧. 光天化日下的流行[M]. 北京：人民音乐出版社，2002.

[10]仇春霖. 大学美学教育[M]. 北京：高等教育出版社，2005.

[11]王耀华，伍湘寿. 音乐鉴赏[M]. 北京：高等教育出版社，2006.

[12]王旭晓. 美的奥秘[M]. 太原：山西教育出版社，2008.

[13]刘燕，宋方昊. 设计美学[M]. 湖北：湖北美术出版社，2009.

[14]李国春主编. 大学美学教育教程[M]. 长沙：湖南教育出版社，2004.

[15]范川风，邱小捷. 大学美学教育教程[M]. 重庆：西南师范大学出版社，2000.

[16]范川凤. 大学美学教育[H]. 重庆：西南师范大学出版社，2005.

[17]李国春. 大学美学教育教程[H]. 长沙：湖南教育出版社，2004.

[18]罗善红. 新编美学基础[H]. 南昌：江西高校出版社，2006.

[19]北京市职业技术教育教材编审委员会. 美学教育基础知识[M]. 北京：高等教育出版社，2001.

[20]金易，夏芒. 实用美学[M]. 长春：吉林大学出版社，2003.

[21]聂振斌. 中国古代美学教育思想史纲[M]. 郑州：河南人民出版社，2004.

[22]章启群. 新编西方美学史[M]. 北京：商务印书馆，2004.
[23]曹耀明. 美学设计概论[M]. 杭州：浙江大学出版社，2004.
[24]朱良志. 中国美学十五讲[M]. 北京：北京大学出版社，2006.
[25]孙荣春. 大学美学教育[M]. 苏州：苏州大学出版社，2007.
[26]凌继尧，张燕主编. 美学与艺术鉴赏[M]. 上海：上海人民出版社，2001.